Copyright © 2024 Andrea González

Todos los derechos reservados.

ISBN: 979-8-89480-839-0
LCCN 2024910579

LATINAS DE ÉXITO

Andrea González

LATINAS DE ÉXITO

Muchas de estas mujeres son pioneras en lo suyo, y se asumen como tales. Saben que su batalla ha servido también para abrir brecha a otras mujeres quienes, sin el poder del ejemplo, quizá no hubieran conseguido una oportunidad para crecer. Andrea ha decidido retratarlas para ofrecer la mejor lección posible: demostrar que "sí se puede"; probar que no hay límites si se trata de conquistar un anhelo, incluso si lo que está enfrente es un obstáculo mayor.

De manera notable, Andrea aprovecha también este libro para confesar sus propios temores y su experiencia con la vida. Para nadie es fácil abrir el baúl de los recuerdos, y mucho menos cuando esos recuerdos son dolorosos. Pero ella sabe que tiene que hacerlo, porque es la decisión honesta con sus lectores y con las mujeres que la acompañan en este recorrido escrito.

La manera como se sobrepuso a la violencia y a los retos que la vida le puso enfrente es una muestra más de esa misma fuerza femenina que Andrea nos comparte en el libro. Sé que no fue fácil decidir abrir su corazón en estas páginas, pero siguió el camino que yo le he visto seguir otras veces: el de la valentía.

Por eso me da gusto, querido lector, que tenga usted en sus manos este libro. Está cerca de conocer a mujeres extraordinarias, cuyas vidas se revelarán de la mano de otra mujer extraordinaria.

Embárquese en el viaje al que lo invita Andrea González. Lo va a disfrutar.

Andrea González lo hace como muy poca gente. Tuve el privilegio de ser su compañero durante varios años en Univision 34, Los Ángeles, la estación local principal de la cadena. En Los Ángeles, la segunda ciudad con más mexicanos del mundo, Univision es mucho más que una estación de televisión que entretiene e informa. Es parte de la vida diaria de la comunidad. Y digo "comunidad" antes que "audiencia", porque eso es: los periodistas que trabajamos ahí nos asumimos como parte de la comunidad.

Para ganarse ese lugar se necesita corazón y capacidad de diálogo.

Andrea tiene ambos, a manos llenas. A lo largo de los años, tuve el orgullo de escucharla informar a la comunidad hispana en situaciones desafiantes, dolorosas, difíciles. Lo hizo durante la pandemia, en la que se acercó al heroísmo, presentándose a trabajar para estar con su público a pesar de que había perdido a sus padres, uno tras otro, por el maldito virus. Sin importar su dolor personal, Andrea estuvo ahí: informando, siendo confiable, cumpliendo con su papel para la comunidad.

También entendió muy rápidamente que su papel como periodista hispana era darles voz a otras mujeres hispanas. Así nació su segmento Latinas de Éxito, en el que compartió estas vidas extraordinarias que demuestran que lo mejor de la comunidad son sus mujeres. Y no lo digo con ligereza, al contrario.

Estoy convencido de que las mujeres hispanas son la columna vertebral de lo que somos. Así son aquellas que luchan todos los días en el anonimato, poniendo pan en la mesa y cuidando a los suyos.

Y así lo son, por supuesto, estas grandes líderes que Andrea fue a descubrir con el hambre y el talento de una periodista natural. Son historias de éxito, pero no solo por los logros. El éxito radica en las lecciones de humildad y devoción al esfuerzo que se encuentran en estas páginas. Sin importar el ramo al que se dediquen estas mujeres, ella supo encontrar el denominador común, que es esa disciplina de trabajo que, de tan grande, se acerca a la definición del amor.

LA VALENTÍA DE ANDREA GONZÁLEZ
Por León Krauze

Antes que nada, una aclaración pertinente: ser periodista en televisión no es cosa fácil.

Requiere una disciplina muy singular. Se necesita saber que, del otro lado de la cámara, con ese ojo de vidrio que intimida, hay cientos de miles de personas que, sentadas en su comedor o en el sillón de la sala, siguen a quien les informa con una confianza parecida a la amistad.

Y uno no puede fallarles.

Hay que estar ahí todos los días, llueva, truene o relampaguee, casi literalmente. También se necesita tener una brújula moral muy clara. El periodista tiene que saber buscar la verdad objetiva para luego transmitirla al público. En televisión, ese proceso es todavía más difícil porque la imagen puede ser cruel. No hay espacio para las dudas ni para la falta de honestidad. El público se da cuenta de todo. En suma: el periodismo televisivo no es cosa fácil.

DEDICATORIA

A mis amados padres, Luis y Elizabeth, quienes leyeron casi en su totalidad el borrador de este libro, pero la pandemia de Covid-19 les arrebató la vida y la oportunidad de verlo terminado. Espero que desde donde estén se sigan sintiendo orgullosos de mí. Los amaré por toda la eternidad.

A mi hijo Andrik, la luz que me guía en medio de todas las oscuridades.

AGRADECIMIENTOS

A cada una de las catorce entrevistadas que conforman este libro, por su tiempo, por su confianza y por inspirarme con sus muy personales batallas e historias de éxito.

A Johnatan, mi compañero de vida; por ser siempre un consejero amoroso y un gran cómplice en este proyecto desde el principio.

A mi hermano Darío, por ser siempre un ángel de la guarda que me ha guiado, acompañado y salvado de caer en los abismos más profundos; justo cuando pienso que no lograré salir de ellos.

Especialmente gracias a: León Krauze y Luis Medina por creer en este sueño que tuve de escribir un libro y apoyarme para lograrlo.

A Paulina y Edgar, por leer varios de los capítulos y darme su opinión desde el corazón.

A todos los lectores, por dedicar a estas páginas lo más valioso que existe y que nunca vuelve: el tiempo.

Espero de corazón que estas historias lleguen hasta su alma y se motiven para ser mejores personas cada día.

ÍNDICE

Prólogo de León Krauze, 7

Agradecimientos, 11

Presentación, 15

Marisol Hernández, 23

María Elena Salinas, 33

Victoria Alonso, 43

Hilda Solís, 53

Tamara Mena, 71

Julie Stav, 85

María Alonso, 93

Lorena Rangel, 105

Camila Canabal, 117

Betty Uribe, 133

Josefina López, 143

Hilda Pacheco, 153

Ana Flores, 163

Luz María Doria, 177

PRESENTACIÓN

Desde niña soñé con estudiar Comunicación. A los 10 años, le dije a mis papás que yo quería dedicarme a la televisión. No sabía bien cómo lo iba a hacer, pero ya desde esa edad, nada me llamaba más la atención ni me parecía más fascinante que imaginar cómo grabarían los programas que yo veía cada tarde en la pantalla. Conocer a alguien dentro del medio del entretenimiento era bastante complicado para mí, pues nadie de mi familia se dedicaba al cine o a la televisión y en aquella época, la década de los 80, entrar a un estudio o locación donde se grabara algún programa de televisión o se filmara alguna película me era prácticamente inalcanzable.

Pero un domingo, después de comer en un restaurante de la Ciudad de México, mi papá se encontró con su amigo David Baksht, un gran ingeniero de sonido que trabajó en decenas de películas. Estaba sentado con María Novaro, la directora mexicana que ganó fama por la película Danzón (1991). Fue mi primer acercamiento con personas de ese mundo que me apasionaba, pero no conocía de cerca. Después de saludar y platicar brevemente con María, sentí que mi corazón latía con fuerza. No porque hubiéramos hablado sobre algo relevante, sino por saber que había estado tan cerca de alguien que se dedicaba a aquello que tanto me atraía.

Fue entonces cuando les pregunté a mis padres qué tenía que hacer para ser productora de televisión. Y me contestaron: tendrías que estudiar Ciencias de la Comunicación. Era la primera vez que escuchaba de esa carrera, pero desde ese momento ya sabía que eso era lo que quería estudiar.

En la infancia me gustaba mucho escribir cuentos, actuar en las obras de teatro de la escuela y hasta imitar a mis maestros, pero sobre todo me gustaba contar historias. Los fines de semana, en lugar de jugar a las muñecas, me entretenía grabando radionovelas que improvisaba en una pequeña grabadora, y organizando a mis primos para actuar en obras de teatro que montaba en el jardín de mi casa, mientras mi papá nos grababa con una cámara de las que todavía usaban videocasetes.

Cuando logré entrar a la carrera de Comunicación en la Universidad Iberoamericana, en la Ciudad de México, me vi haciendo lo que había soñado toda mi vida: prácticas de radio, cine, televisión, guionismo, todo lo que me gustaba.

Con lo que no contaba era con que, en el segundo semestre de esa carrera de mis sueños, me encontraría también con la violencia. El que fue mi novio en aquel entonces me enseñó que el encanto de un romance cuando comienza se puede convertir en una pesadilla de insultos, vejaciones y golpes.

Fue la misma pasión por mi carrera lo que me llevó a ese infierno afortunadamente breve, pero que me marcó para siempre. Cuando cursaba el tercer semestre, fui a la estación de radio de la universidad, llamada Radio Ibero, a buscar una oportunidad para tener mi propio programa de radio, pues quería probarme en el área de la locución. Ahí conocí a Felipe Reyna, quien era el gerente de promociones y prácticamente movía todos los hilos de la estación.

Al principio, nos hicimos buenos amigos. Él me parecía divertido, le gustaba la locución y el rock, como a mí. Conseguí tener mi primer programa de radio, en el cual él era mi productor, y después, con la convivencia diaria, nos hicimos novios. El primer mes todo fue maravilloso y emocionante, pero en muy poco tiempo él comenzó a volverse celoso, controlador, agresivo y tóxico. En apenas cinco meses me convertí en parte de las estadísticas de la violencia de género.

Tenía 19 años cuando me vi envuelta por primera vez en escenas que sólo había visto en las películas o en las telenovelas: correr aterrada, pidiendo ayuda por los pasillos de la universidad, mientras era perseguida, amenazada y vigilada por aquel hombre que decía quererme mucho; o sentirme agredida por él con un bolígrafo clavándose en mi cuello mientras era tirada con fuerza del cabello dentro de un salón de clases.

El 19 de marzo del año 2000 fue el día que dio un giro a mi existencia y puso mi vida en riesgo: fui secuestrada por Felipe Reyna. Esa tarde, hablamos por teléfono y yo le pedí que termináramos nuestra relación, pues yo ya no soportaba tanto maltrato físico, psicológico y emocional. Él se negó y me dijo que primero teníamos que hablar. Me llevó a un apartamento en la delegación Iztapalapa, al oriente de la Ciudad de México, donde me mantuvo privada de mi libertad por largas horas, durante las cuales me amenazó, me insultó y me golpeó en múltiples ocasiones en la cara y en el cuerpo, para, según él, hacerme entrar en razón y que no lo terminara.

El peor momento fue cuando me dio un puñetazo en el ojo izquierdo.

Lo hizo con tal fuerza que me pareció ver un haz de luz y pensé que me desmayaría. Después, mi ojo y todo el pómulo se empezaron a inflamar. Necesitaba urgentemente colocarme hielo y ser atendida por un médico, pero él me tenía encerrada en un cuarto de aquel apartamento, sin dejarme salir.

Recuerdo que mientras le rogaba que me dejara regresar a mi casa, pensaba mucho en mi mamá (q.e.p.d), en cuánto la iba a hacer sufrir si me pasaba algo más grave o si no lograba salir con vida de aquel sitio al que nunca debí de haber ido y donde fui torturada física y psicológicamente.

Pero, a pesar de sufrir una subluxación del pómulo izquierdo, moretones en los brazos y un desgarre muscular en la pierna como consecuencia de los golpes, pude escapar, sacar a ese hombre de mi vida y empezar de cero a reconstruir mi identidad, retomar mis sueños de niña y, sobre todo, a sanar mis heridas físicas y emocionales.

Interpuse una denuncia en el Ministerio Público y otra más dentro de la universidad. En ese entonces, el director de la carrera, José Carreño Carlón, así como la coordinadora, Gabriela Warkentin, escucharon mi historia y mi súplica de que le impusieran una orden de restricción dentro de la universidad.

Sin embargo, estos temas no tenían la relevancia que tienen ahora, no existían las redes sociales y no había manera de visibilizarlo más que con lo evidente (el enorme moretón que tuve por semanas en el ojo izquierdo) y con las habladurías de boca en boca.

Sin embargo, para él no hubo repercusiones en proporción a la violencia que ejerció sobre mí. Me persiguió un par de veces más dentro de la universidad, con el pretexto de hablar y de pedirme perdón. Gracias al apoyo de mi familia y de mis amigos, no volví a caer en su juego y pedí ayuda, para que no se volviera a acercar.

Su abogado me llamó para ofrecerme dinero a cambio de retirar los cargos, lo cual rechacé por completo. Lo único que quería era no volver a verlo nunca más. Traté de seguir el proceso conforme a derecho, asesorada por el abogado que la universidad me asignó para el caso. Pero la justicia mexicana es laxa en estos temas. El castigo no iría más allá de una multa y el desgaste emocional mío y de mis padres sería mucho mayor.

Preferí mi paz interior. Le otorgué el perdón y, aunque el médico legista aseguró que mis heridas no tardarían más de 15 días en sanar, la realidad es que hoy, más de veinte años después, el pómulo izquierdo me sigue doliendo todos los días, como un recordatorio de que nunca puedo volver a permitirle a nadie que violente mi cuerpo, mi mente, mis emociones o mi existencia en general.

Desde entonces, asumí que tenía una misión importante con mi género. No sabía bien cómo la iba a llevar a cabo, pero si la vida me había dado una segunda oportunidad, tenía que aprovecharla.

En el año 2010 pude iniciar un proyecto real para enaltecer y empoderar a las mujeres. Tenía un año trabajando como presentadora del noticiero Info 7 de TV Azteca Noreste, en Monterrey, al norte de México, cuando comencé el proyecto Mujeres de Éxito. Con él me enfoqué durante tres años en buscar las historias de aquellas mujeres que dedicaran su tiempo a algo productivo y que fueran un ejemplo positivo para su sociedad.

Logré hacer más de 100 entrevistas que posteriormente me dieron la idea para diseñar la conferencia Tú eres una Mujer de Éxito, la cual fue llevada a zonas conflictivas y asociaciones que ayudan a mujeres en situación de violencia. La idea era mostrar que, si yo había podido encontrar que más de 100 mujeres habían alcanzado el éxito de alguna manera, entonces todas las que estaban escuchando la conferencia eran capaces de hacerlo también.

En ese tiempo pude ver con más claridad el privilegio que significa tener acceso a una cámara y un micrófono, y la importancia de usarlos para ayudar a los demás. En medio de la difícil situación de violencia que se vivía en el estado de Nuevo León, debido a la guerra entre cárteles de la droga, sentía la imperiosa necesidad de buscar historias de lucha, de esfuerzo, de vencer los obstáculos, de todo lo que implica ser mujer en un mundo donde las decisiones más importantes son tomadas por hombres.

Sabía que, si presentaba a estas mujeres de una manera clara, contando sus historias desde lo más profundo de mi corazón, podría inspirar a aquellas que ya habían perdido la esperanza de realizarse en sus propios éxitos. Y si con cada reportaje lograba tocar el alma de al menos una mujer que estuviera viendo la televisión, todo el esfuerzo habría valido la pena.

En el año 2016 llegué a Los Ángeles, California, para trabajar como presentadora de los noticieros de Univision 34, la filial de Univision en la costa oeste. No dudé en continuar con mi proyecto, pero ahora a un nivel más amplio.

Sabía que uno de los requisitos para el trabajo era hacer reportajes, y yo le propuse a mis jefes hacer el segmento Latinas de Éxito. Ahora ya no sólo sentía la responsabilidad de enaltecer a mi género, sino también a aquellas inmigrantes latinas como yo, que han tenido que trabajar el doble y hasta el triple para ser respetadas y tomadas en cuenta. Así, tuve el honor de sentarme frente a mujeres admirables, muchas de ellas figuras representativas de la historia de California y del empoderamiento de la mujer latina, como María Elena Salinas y Victoria Alonso, entre otras.

El segmento se transmitió desde septiembre de 2016 hasta junio de 2019, cuando tuve que hacer una pausa, pues en julio nació mi hijo Andrik y me ausenté por varios meses del trabajo. Cuando estaba lista para reanudar las entrevistas, en marzo de 2020, comenzó la pandemia de covid-19 y, debido a la emergencia sanitaria, ya no había espacio para mi segmento en el noticiero.

Las historias que conté durante esos tres años me llenaron de satisfacciones y marcaron mi vida. Disfruté mucho poder compartir, a través de la pantalla, historias tan conmovedoras e inspiradoras. Tanto, que mientras transcribía las entrevistas para escribir los guiones, me parecía muy poco el tiempo de televisión para contar lo que amablemente me compartieron. Fue así como surgió la idea de llevar esos relatos más allá de la pantalla.

Contar las historias de estas mujeres en un libro me parece importante para dejar un testimonio de lo que escuché de viva voz de cada una de ellas, tratando de contener la emoción ante sus relatos de lucha, de dolor y, muchas veces, de discriminación. Fueron más de veinte entrevistas, todas relevantes. Sin embargo, decidí elegir catorce de ellas para plasmarlas aquí, porque me pareció que tenían todos los elementos para mover el corazón de quien las lea.

Espero que este libro sirva de inspiración para las nuevas generaciones de inmigrantes, de latinas, de mujeres y niñas que tendrán un camino labrado gracias a historias como las que se presentan aquí, pero que, con estos ejemplos, tendrán que ser más fuertes, más preparadas y conscientes de la importancia de romper esquemas, y no sólo de alcanzar el éxito, sino también de mantenerlo.

Este libro es un paso más en el sueño que tuve de niña: contar historias a través de los medios de comunicación. También es una manera de cumplir con la promesa que me hice después de sobrevivir a la violencia y comprometerme a que, a través de mis acciones, no volvería a permitirlo nunca más.

Esa experiencia me hizo más fuerte, más sensible al dolor ajeno y más empática con la violencia de género. Sobre todo, me dejó reflexionando sobre ese 19 de marzo en que pudo haber pasado lo peor, y lo afortunada que soy de estar viva, a diferencia de miles de mujeres que no lo están.

He tenido más de 20 años para reflexionar sobre por qué permití que las cosas llegaran hasta ese punto. Aunque todavía hay días que lucho por comprenderlo, siento que ha llegado el momento de contar mi historia, de llevar este mensaje a todas aquellas que están viviendo violencia doméstica en silencio, a las que vivieron violencia de cualquier tipo y a las que creen que nunca les va a pasar.

A todas les digo que yo jamás pensé estar involucrada en una situación así, pero ni con todo el amor de mi familia, ni con toda la educación que recibí, supe cómo evitarlo. Cuando pude salir, empezó un proceso largo y maravilloso de conocerme, de sanarme, de aprender a no normalizar los comportamientos agresivos. Logré consolidar mi carrera profesional como la soñé y aprendí a no detener mis convicciones, ni a poner en riesgo mi integridad por nadie.

MARISOL HERNÁNDEZ, LA MARISOUL

Una voz que canta por los que no pueden hacerlo

Cuando empecé a planear Latinas de Éxito, en 2016, quien era la productora ejecutiva de Univision 34 me sugirió que entrevistara a Marisol Hernández, vocalista de La Santa Cecilia.

Mi historia con Marisol había comenzado un par de años antes. En 2014 escuché por primera vez su canción "Monedita", y en los días posteriores nadie me aguantaba, porque la repetía todo el día y a toda hora. Me tenían cautivada el ritmo, la letra y la inconfundible voz de la vocalista, quien, después me enteré, nació en Los Ángeles, si bien su sangre es 100% mexicana. La Marisoul, como se hace llamar, se convirtió en la madrina de Latinas de Éxito, pues su historia fue la primera en salir al aire por Univision 34.

CAPITULO I - MARISOL HERNÁNDEZ, LA MARISOUL

Conseguí una cita con ella a través de su disquera. Acordamos vernos una tarde en el famoso Echo Park, al este de Los Ángeles, que por tradición es muy visitado por la comunidad hispana de la ciudad. Marisol llegó con un alegre vestido blanco, de falda amplia con vuelo, como de los años 50, con un estampado de paletas para pintar en colores vivos. Sus aretes estaban hechos de tapas de cerveza aplastadas, llevaba broches rojos en su rebelde cabellera rizada y una chamara de mezclilla con una Virgen de Guadalupe bordada en el frente y una calavera en la espalda, con un letrero en el que se leía: "La Santa Cecilia". Con ese estilo único y tarareando una canción de los Beatles, se sentó conmigo frente al hermoso y característico lago. Mi primera pregunta para ella fue: ¿de dónde surgió el sobrenombre de Marisoul? Su respuesta, con ese estilo único y desparpajado que tiene, fue que era el nombre que utilizó para su primer correo electrónico, pero con el tiempo adquirió otro significado.

"Creo que va mucho conmigo, pues quiero ser considerada como una cantante que le mete muchas ganas, mucha alma, mucho soul a lo que hace. Pero también porque representa esta identidad bicultural que tengo: soy una persona que nació en los Estados Unidos, de padres mexicanos, y hablo en inglés, hablo en español, pero también en spanglish, y yo creo que La Marisoul representa mucho de quién soy."

Su nombre completo es Eva Marisol Hernández, nació en el centro de Los Ángeles y dice sentirse orgullosa de sus raíces mexicanas, pues sus padres le inculcaron el amor por la cultura de su país desde que era una niña.

"Mi mamá es de un ranchito que se llama San Agustín de Ulúa, cerca de Torreón, Coahuila, y mi papá es de Tijuana, Baja California. Pero ellos llegaron a los Estados Unidos muy jóvenes y se conocieron aquí en la Placita Olvera. Mi mamá venía a cantar los domingos con un tecladista y mi papá cuidaba el changarro de mi abuelo, que llegó a este país a finales de los años 60 y empezó a sembrar su sueño americano en la calle Olvera, vendiendo artesanías, colocando este

burro donde se puede uno tomar fotos, muy al estilo de Tijuana."

En la Placita Olvera, sitio emblemático de la comunidad mexicana en Los Ángeles, Marisol pasó su niñez, ayudándole a sus padres a trabajar y escuchando a los músicos que tocaban boleros y rancheras tradicionales en los restaurantes.

"Ahí aprendí de la música, de cantar fuerte, de pasar la canasta. Mi mamá es la que tiene la voz para cantar, ella siempre tuvo sueños de ser cantante. Y mi papá es una persona muy carismática, muy bohemio; toca la guitarra y canta feo, desafinado, pero con mucha pasión. Y recuerdo que siempre quise ser cantante, nunca quise ser otra cosa, ni me imagino haciendo otra cosa."

Marisol recuerda que empezó a escribir canciones sobre lo que veía en el entorno en el que creció, como, por ejemplo, los enfrentamientos entre borrachos que salían de las cantinas. Se enfocó en cantarle al amor, la vida y sus propias experiencias personales. Pero esa etapa duró poco para Marisol y para su hermano. Sus padres se divorciaron y su madre se volvió a casar con un hombre que la convenció de regresar con sus dos hijos a vivir a México, para iniciar una nueva vida. Así me relató uno de los pasajes más conmovedores y transformadores de su vida:

"Nos fuimos a Morelos, en México, y yo no conocía a nadie. Tenía 11 años y la música se volvió mi refugio, era todo para mí estar cantando en la casa mientras lavaba trastes o cuidaba a mi hermanito."

A los 14 años, Marisol fue invitada a cantar con un grupo musical que tocaba en bodas y fiestas de quince años. Ilusionada, se preparó y ensayó con ellos varias canciones, principalmente las de la cantante texana Selena, quien en ese entonces era una gran inspiración para ella.

"Y recuerdo que regresé a la casa bien emocionada y le dije a mi

mamá: 'tengo chamba, me contrataron para cantar en una fiesta'. Mi mamá me apoyó, pero también me cubrió, pues no le dijo toda la verdad a mi padrastro."

El día que Marisol haría su debut, se armó de valor y le pidió permiso al esposo de su mamá para ir; incluso los invitó a la fiesta, para que la vieran en acción sobre el escenario. Pero la respuesta fue un rotundo no.

"Su preocupación era que la gente del pueblo pensara mal de él. Me decía: '¿Qué van a decir? Que mi hijastra anda cantando con un grupo de hombres, van a pensar que eres una cualquiera'. Él tenía esa idea muy machista de que el hecho de cantar con un grupo o ir a trabajar a una fiesta, como yo quería hacerlo, estaba mal visto. Y yo me molesté muchísimo, porque no era cierto, porque lo único que yo quería era cantar. Ahí fue donde sentí realmente esta pasión por la música, por querer estar ahí en un escenario."

La madre de Marisol la defendió ante su marido, quien no cedía. La pareja empezó a discutir. Marisol decidió irse sin permiso a la fiesta, pero le avisó a su mamá que en cuanto terminara de cantar, se regresaría inmediatamente.

"Me fui caminando yo sola desde la casa, que estaba a las afueras del pueblo, hasta el lugar donde iba a ser el baile. Fui, canté mis dos canciones de Selena, y cuando regresé a la casa me encontré con una quemazón grande de cosas afuera de la puerta. Me asusté mucho y cuando me acerqué vi que era mi mamá, que estaba quemando todo lo que había acumulado en su vida con mi padrastro. Y me acuerdo bien de que antes de irme a la fiesta, mi padrastro me dijo: 'si te vas de aquí, no regreses nunca'. Y mi mamá se acercó con una bolsita con mi ropa. Me la dio y me dijo: '¿Quieres cantar?, pues nos vamos a ir a la chingada de aquí, ¿ok?'."

Marisol no pudo contener las lágrimas al recordar esos momentos tan dolorosos, cuando su madre prefirió prenderle fuego a la relación con su esposo, que permitir que se apagaran los sueños de su hija.

"Perdimos muchas cosas, muchos recuerdos, fotografías, cosas de mi niñez. Pero yo siento que ese fuego que ella encendió esa noche es el fuego de ella y mío, de esta pasión, de este sueño de hacer música, de ser cantante. Y yo se lo agradezco infinitamente a mi mamá, porque siento que por ese fuego es que estoy aquí, por ese fuego yo me arriesgo a vivir mi vida, a luchar."

Esa misma noche, Marisol, su madre y su hermano dejaron el fuego encendido y volaron a Tijuana. Después cruzaron la frontera para llegar de nuevo a Los Ángeles, donde Marisol retomó sus estudios de preparatoria.

"En ese entonces yo sentía que mi vida estaba partida en dos. Entre semana yo era una niña muy americana, muy rockera, me gustaban mucho The Beatles y The Doors, el jazz, el blues y hablar en inglés con mis amigos de la high school. Y los fines de semana me vestía bien mexicana, con mis vestidos típicos y mi flor en el pelo, para cantar en la Placita Olvera con un trío. Era una experiencia muy bonita, pero cuando de pronto llegaba un maestro o un compañero de la escuela y me veían ahí cantando, me daba pena, porque creía que iban a pensar que no era tan rocker como en el salón de clases."

Esa dualidad de identidades perturbó a Marisol hasta que conoció a los músicos Pepe Carlos, Miguel Ramírez y Alex Bendana, con quienes en 2007 formó el grupo La Santa Cecilia, llamado así en honor a la santa patrona de los músicos

"Yo me siento muy afortunada de haberme encontrado con mis compañeros. Siempre quise ser parte de un grupo, nunca me vi como solista. Siempre quise tener una banda y tocar de todo, porque a todos en el grupo nos encanta la música tradicional mexicana, pero también nos encanta el rock and roll, la música punk, y es bien padre poder viajar y vivir este sueño musical siendo quienes somos."

CAPITULO I - MARISOL HERNÁNDEZ, LA MARISOUL

De acuerdo con Miguel "El Oso" Ramírez, uno de los integrantes del grupo, fue gracias a don Jesús "Lalo" Hernández, padre de Marisol, quien tristemente falleció en febrero de 2019, que se conocieron y formaron La Santa Cecilia. Don Lalo los motivó a que se reunieran para seguir sus sueños a través de la música y les recomendó que nunca se rindieran.

La Santa Cecilia ha sido un mosaico que fusiona la cultura mexicana y la norteamericana con muchas formas de música, incluyendo cumbia, bossa nova y boleros. Para Marisol, esa esencia bicultural ha permitido que la música de La Santa Cecilia llegue a muchos rincones donde hay personas viviendo y sintiendo lo mismo que ellos.

"Nosotros ahí vamos como los juglares, que van contando las historias de un pueblo a otro. Así vamos nosotros también, contando nuestras historias."

Y entre las historias del grupo, hubo sufrimiento y drama que tuvieron que ver con la falta de documentos para residir legalmente en la Unión Americana. En 2013, el grupo fue nominado al premio Grammy, una distinción otorgada desde 1958 por la Academia Nacional de Artes y Ciencias de la Grabación en Estados Unidos. En la categoría de Mejor Álbum de Rock Latino aparecía por primera vez el nombre de La Santa Cecilia junto a bandas como Café Tacuba de México, Illya Kuryaki and the Valderramas, de Argentina, y Los Amigos Invisibles, de Venezuela; grupos legendarios del rock en español que ya habían sido una inspiración para Marisol. La emoción más grande, vino cuando La Santa Cecilia se llevó el galardón por el disco "Treinta Días". Marisol subió al escenario llena de emoción para dar unas palabras de agradecimiento y dedicó el premio a los más de 11 millones de indocumentados que viven en Estados Unidos.

"Más importante que ganar fue poder representar a nuestra comunidad de inmigrantes y aprovechar ese momento para decirle a la gente que estamos orgullosos de ser hijos de inmigrantes. Y por eso les

dedicamos el premio, porque son nuestros amigos, familiares, compañeros, y quisimos demostrarle a la gente qué bonito es cuando la gente viene de otro país y logra sus sueños. Como ganar un Grammy, por ejemplo."

Una de las canciones más representativas de La Santa Cecilia se llama "Ice El Hielo", clara referencia a las siglas en inglés del Servicio de Inmigración y Control de Aduanas de los Estados Unidos. La canción cuenta la historia de varios miembros de una familia de inmigrantes indocumentados que, aunque trabajan honradamente, son detenidos por agentes de esta corporación.

"Cuando escribimos la canción del hielo, no todos en el grupo teníamos la documentación apropiada para poder realizar nuestros sueños de viajar y todo eso. Entonces, fue una manera de desahogarnos y de humanizar este tema. Yo quisiera que hubiera una reforma migratoria, que ya no hubiera deportaciones, para ya no tener que cantar esas canciones."

Con esa determinación, Marisol, junto con La Santa Cecilia, ha pisado grandes escenarios en Estados Unidos y Latinoamérica, acompañada por estrellas internacionales. En el año 2011, cantó el himno estadounidense en la apertura del partido de los Dodgers, el equipo de béisbol angelino.

"Me acuerdo de que lo primero que me dijo mi mamá fue: 'Ay mija, nada más no se te vaya a olvidar la letra como a Christina Aguilera, por favor'. Eso me dio mucha risa y nada más me dio más nervios, pero con mucho honor estuve ahí cantando el himno nacional en el estadio de los Dodgers, representando a nuestra gente y al equipo de casa. Gracias a Dios no me equivoqué."

Los éxitos para Marisoul y La Santa Cecilia no se detuvieron después de ganar aquel Grammy. Fueron nominados de nueva cuenta al premio en 2017 por su álbum Buenaventura y en 2018 por Amar y vivir.

También llegaron colaboraciones con Elvis Costello and The Roots en su álbum Wise Up y estuvieron en el afamado show de Jimmy Fallon. En 2018 participaron en un tributo a Joni Mitchel, presentándose en el emblemático Hollywood Bowl con artistas de la talla de Diane Krall, Norah Jones, Graham Nash, Chaka Khan, Los Lobos y Seal. En marzo de 2019, Marisoul fue parte de The Work and Music of Yoko Ono, un tributo en el Walt Disney Hall con la Filarmónica de Los Ángeles. También participó en el álbum Unplugged del cantante de ranchero Pepe Aguilar.

Además de provocar un cambio positivo para los inmigrantes y dejar un sello único en la música latina, Marisol desea que la mujer hispana rompa esquemas y se imponga a los cánones tradicionales de belleza, de los cuales ella creció sintiéndose alejada. Así me contó que se sintió por mucho tiempo, antes de encontrar su propia identidad:

"A veces las mujeres tenemos muchos complejos. Al menos yo recuerdo eso cuando era niña, que veía la tele, miraba revistas y pensaba: ninguna de estas mujeres se parece a mí o me parezco yo a ellas. Eran mujeres altas, blancas, inalcanzables. Y creo que esas cosas cuando creces te van poniendo límites de cómo debes desenvolverte, de quién vas a ser tú."

Con el tiempo, Marisol ha aprendido a aceptarse y a ser ella misma en el escenario y en su vida. Con una sonrisa de complicidad y juntando sus manos como quien está a punto de rezar, manda este mensaje a las mujeres:

"A las gorditas, a las morenas como yo, que digan que sí se puede. Que no tienes que estar alta, ni flaca, ni delgada, ni enseñar mucho cuerpo para triunfar."

Marisol ha logrado crear su propio estilo incluso en el vestuario que utiliza y ella misma diseña. Por eso, también tomó el timón de cómo quería lucir en el escenario y dejó de sentirse frustrada por los comentarios que le hacían personas cercanas.

"Crecí escuchando cosas como: 'Es que a las morenas no se les ve bien el rojo'; o 'si te pones blanco te ves muy gordita'. Y eso me acomplejaba mucho. Pero cuando empecé con La Santa Cecilia, yo dije: estoy haciendo la música que me gusta, como yo quiero, ¿por qué no vestirme como yo quiero? Porque cuando era adolescente, me vestía siempre de negro, como para tapar mi cuerpo, porque me daba vergüenza. Hasta que pensé: un día voy a estar viejita y me voy a quedar con las ganas de ponerme todo lo que yo quise. Entonces de ahí empecé a hacer mis corsés para Día de Muertos, me encanta ir a comprar ropa usada, vintage y mezclar eso. Creo que mis inspiraciones de ropa son entre (la serie de televisión) I love Lucy y Lucha Villa, esta mezcla de ser mexicana-americana, de esas mujeres fuertes y también muy divertidas y chistosas."

Con la música como bandera y su voz para hablar por los que no pueden hacerlo, Marisol visualiza su futuro cantando y viajando, dos de las cosas que más la hacen feliz. Y desea que la comunidad inmigrante en Estados Unidos aprenda a superar todos los obstáculos, tal y como lo ha hecho por generaciones.

"Si alguien de repente piensa que no tiene la fuerza para hacer las cosas, solo que piense que nuestros padres llegaron aquí sin hablar el idioma, sin tener papeles, y lograron darnos a nosotros estos sueños. Ahora los estamos viviendo nosotros, así que sí se puede y hay que seguir echándole ganas a los sueños, al amor, porque de eso se trata la vida."

Cuando entrevisté a Marisol, me di cuenta de que la energía que tiene en su voz la lleva a todo lo que hace, y eso lo transmite al platicar con ella. Ella canta espontáneamente, tiene un gran sentido del humor y contagia el entusiasmo que tiene por la vida y por la música.

CAPITULO I

CAPITULO II

MARÍA ELENA SALINAS
*La periodista hispana más influyente
de Estados Unidos*

Cuando supe que María Elena Salinas visitaría las instalaciones de Univision 34 Los Ángeles para dar una conferencia en noviembre de 2017, de inmediato pensé: "Tengo que entrevistarla para Latinas de Éxito".

María Elena regresaba al canal 34 por última vez antes de su retiro voluntario de la cadena, donde había iniciado su carrera en 1981 y llegado a ser presentadora, junto con Jorge Ramos, del Noticiero Univision. Así se convirtió en la primera mujer en conducir un noticiero hablado en español en Estados Unidos. Ahora volvía a Los Ángeles, la ciudad que la había visto nacer. La ocasión era única y yo no podía dejarla pasar.

Yo la había visto un par de veces en la oficina de Univision en la Ciudad de México, cuando María Elena iba a hacer alguna cobertura, mientras yo trabajaba como corresponsal de noticias para los noticieros nacionales de la cadena. Sin embargo, nunca habíamos platicado a profundidad. Cuando estuve sentada frente a ella, la noté tranquila, sonriente, amable con quien se le acercara a platicar o a tomar una fotografía. Más de uno de los que ahora son mis compañeros de trabajo (técnicos, productores y reporteros) lo fueron también durante sus inicios como reportera.

Comencé la plática queriendo saber sobre su origen mexicano y su niñez en Estados Unidos.

"Mis padres son de México, mi papá de la capital, mi mamá de Sinaloa. Ellos emigraron en los años 40. Y bueno, nacimos aquí (en Los Ángeles) las tres hermanas, vivimos un tiempo en México y regresamos cuando yo tenía 8 años. Y desde entonces he estado aquí en Estados Unidos. Mi mamá es de las que cruzó la frontera para que yo naciera aquí. Por eso a veces me dicen que soy anchor baby (bebé ancla), pero mi mamá era residente legal."

Los padres de María Elena emigraron de México para buscar un futuro mejor, como la mayoría de los inmigrantes, aunque en condiciones muy particulares.

"Mi padre había tenido una gran educación. De hecho, tenía un doctorado en Filosofía. Su historia es un poquito compleja. Tan compleja, que escribí un libro: Yo soy la hija de mi padre. Una vida sin secretos (2006). Me enteré, después de que él murió, que mi padre había sido sacerdote católico, entonces eso te cambia el panorama. Yo siempre crecí pensando que eran como las novelas: mi papá de una familia de abolengo y mi mamá de un pueblito de Sinaloa, donde nada más había estudiado hasta el sexto grado y que lo habían desheredado porque se casó con una muchacha bonita y pobre. Así es que uno crece pensando que su vida es una novela y después te das cuenta que no, que había secretos en la vida de mi padre que lo llevaron a

dejar México y a venir a Estados Unidos a empezar una nueva vida."

La familia de María Elena tuvo que luchar y trabajar intensamente para no tener carencias y lograr esa mejor vida que sus padres venían buscando.

"Yo le agradezco mucho a mi madre que nosotros crecimos con muy pocos recursos, pero jamás me sentí pobre. Hasta muchos años después me di cuenta de que teníamos necesidades. Nunca nos faltó nada, teníamos el cariño de mi mamá, ella era costurera y siempre estábamos bien vestidas."

María Elena tenía sólo 14 años cuando empezó a trabajar para ayudar en las necesidades de la casa. Este hecho forjó su carácter y le dio una guía para su vida profesional, pues desde entonces fue muy dedicada al trabajo.

"Empecé a trabajar en una fábrica de ropa, cortando hilitos. En la fábrica donde trabajaba mi mamá. Y después en una cafetería, después en un cine. Y trabajaba porque tenía que ayudar a mis padres con la renta. Pagarme también mi educación, porque fui a una escuela católica privada. Y fíjate que nunca sentí que fuera un problema trabajar, nunca me sentí presionada a hacerlo. Era algo natural, era parte de mi vida."

María Elena pasó gran parte de su infancia sola, pues sus padres trabajaban todo el día. Eso la ayudó a volverse muy independiente. En aquellos años, la mayoría de los hijos de inmigrantes regresaban de la escuela y estaban solos en casa.

Cuando le llegó la edad de elegir qué estudiar en la universidad, se inclinó por la carrera de Mercadotecnia.

"Estaba comenzando el mercado hispano de publicidad, había muy pocas agencias. Cuando me ofrecen el trabajo en el canal 34, yo pienso que es una buena forma de entrar al departamento de ventas,

para vender publicidad y para estar en ese mundo."

Sin embargo, el destino tenía otros planes. María Elena se considera "periodista accidental", porque en su mente no estaba dedicarse a ser reportera ni trabajar en el departamento de noticias.

"Fue muy ingenuo de mi parte pensar que me quedaría en el departamento de ventas, pues después encontré un mundo fascinante. No era únicamente el mundo de las noticias, para el cual tuve que regresar a la universidad y estudiar Periodismo en la Universidad de California Los Ángeles, y el resto desde luego lo aprendí también sobre la marcha. También era el mundo de una comunidad con grandes necesidades, y yo creo que hasta cierto punto nos convertimos en cómplices la comunidad hispana y nosotros en los medios de comunicación en español. Personalmente así lo siento, porque inmediatamente sentí que estaba reportando para una comunidad a la cual yo también pertenecía."

En 1981 se convirtió en la primera reportera mujer en trabajar para la estación de televisión KMEX (Univision 34) de Los Ángeles, California.

"Era un reto y teníamos que hacer muchísimas cosas. Hacer noticias, reportajes, presentar Los Ángeles Ahora, hacer un programa de fin de semana musical. Pero aprendí tanto haciendo esto, que fue como una escuela donde te involucras completamente, para aprender todos los diferentes aspectos. Sin querer aprendí a ser reportera, presentadora, redactora y casi casi editora. Y fue maravilloso, porque como teníamos tantas limitaciones en cuanto al equipo, tecnología, etcétera, éramos un grupo muy unido que sabíamos que hacíamos milagros con lo poco que teníamos."

Al desarrollarse en todos los aspectos que implica una producción de televisión, pudo convivir muy de cerca con la comunidad inmigrante, que siempre ha sido el público principal del canal 34; así conoció sus necesidades e inquietudes.

CAPITULO II - MARÍA ELENA SALINAS

"Me dio mucha satisfacción saber que nosotros podíamos ayudarles a vivir una vida más placentera en este país que para muchos era su nuevo país adoptivo. Y, sobre todo, en lo que se refiere a la cuestión política, yo creo que muy temprano en la carrera me di cuenta que no había representación política para los hispanos en esta ciudad y luchamos mucho por tratar de empoderar a los latinos. Me di cuenta que los latinos se sentían desconectados del sistema político y nunca iban a poder tener representación si no participaban."

Por eso, desde muy temprano María Elena comenzó a involucrarse en campañas para motivar a los inmigrantes a que conocieran sus derechos, a que supieran cómo legalizar su estatus migratorio y a votar. Me contó que, como periodista, incluso padeció el rechazo de los políticos de California.

"Cuando yo empecé en el canal 34 y trataba de entrevistar a un político y les decía: "I am from channel 34"(Vengo del canal 34), ellos me contestaban: "Channel thirty... what?"("¿Canal treinta y qué?). Y cómo han cambiado las cosas, que ahora nos llaman para ofrecernos entrevistas a los más altos niveles. Bueno, no con Trump, pero hasta Obama, sí."

Después de seis años de trabajo periodístico en el canal 34 y de marcar huella en la comunidad hispana de Los Ángeles, el trabajo de María Elena trascendió hasta las oficinas de Univision en Miami, Florida, donde ya se producía y transmitía la programación nacional de la cadena. En 1987 fue invitada a conducir el noticiero de las 6:30 de la tarde junto al periodista Jorge Ramos, lo cual sacudió su vida y trayectoria.

"Sentí que estaba empezando de cero, porque yo tenía una relación muy cercana a la comunidad a la cual yo conocía, que era la comunidad mexicano-americana de Los Ángeles. Y de repente, iba yo a trabajar a una cadena donde era un mundo muy distinto: ya no eran todos mexicanos con las mismas necesidades de acá, había cubanos y

puertorriqueños y centroamericanos y sudamericanos, y los temas que les interesaban eran diferentes. Ahí me di cuenta que el común denominador de la comunidad hispana era el idioma español, pero fuera de eso, hay muchas diferencias entre una comunidad y otra."

Con su llegada al noticiero nacional comenzó la meteórica e ininterrumpida carrera periodística de María Elena Salinas, a lo largo de la cual ha reportado conflictos bélicos, desastres naturales, migración, debates presidenciales y narcotráfico, entre muchos otros temas. Ha realizado cientos de entrevistas de alto perfil, entre las cuales están todos los presidentes de Estados Unidos desde Jimmy Carter, primeras damas como Michelle Obama o Hillary Clinton, dictadores y presidentes de todo América Latina, así como figuras del espectáculo como Jennifer López y Ricky Martin. También ha cubierto decenas de desastres naturales y la guerra en Iraq, como reportera integrada en el ejército de Estados Unidos.

Ha ganado decenas de reconocimientos, entre ellos los premios Peabody y Walter Cronkite. En 2012, fue la primera latina en recibir un Emmy a nivel nacional por su trayectoria. En 2017, se convirtió en la primera mujer reportera y la primera latina en entrar al Salón de la Fama de la National Association of Broadcasters (NAB), que agrupa a más de 8,300 estaciones de radio y televisión en Estados Unidos.

María Elena fue distinguida por el periódico New York Times como "la voz de Hispanoamérica" y es considerada "la periodista hispana más influyente de todo Estados Unidos". Cuando le pregunté cómo le hacía sentir este título, dibujó una sonrisa tímida y me respondió:

"Yo no me di el título de la mujer más influyente. Eso no sé de dónde vino. Y yo creo que cuando se habla de mi carrera, muchas veces creo que es por los años. O sea, son muchos años que yo he estado ahí como la representante de la comunidad hispana o trabajando para la comunidad hispana, dándole la información que necesitan. Entonces te ven como que estás aportando, como que estás influyendo, contribuyendo. Esa es mi labor, es mi responsabilidad. Me siento

honrada cuando se me considera de esa manera."

Mientras desarrollaba intensamente su carrera, María Elena se casó en 1994 con el periodista cubano-americano Elliot Rodríguez, con quien tuvo dos hijas: Julia Alexandra y Gabriela María. Era obligado preguntarle cómo había sido el papel de mamá para alguien tan entregada a su profesión.

"Yo creo que siempre hay que pensar que cuando no puedes dar cantidad, hay que dar calidad de tiempo. Pero para mí no hay nada más importante, porque al final del día, todos esos reconocimientos que tengo, que me siento realmente honrada de tenerlos y están ahí en la oficina de mi casa, pero un día hay un incendio y se derriten y se van; en cambio, mis hijas siempre van a estar conmigo, siempre van a ser mis hijas. Yo creo que no hay que perder la noción de que nuestra profesión es importante, pero nuestra familia lo es mucho más."

Según María Elena, cuando se siente culpable por no haber estado más tiempo con sus hijas mientras crecían, también se llena de satisfacción por el ejemplo que les dio.

"Les he demostrado que como mujeres pueden trabajar en cualquier cosa, pueden hacer lo que quieran, pueden trabajar en un mundo de hombres, pueden realizar cualquier tipo de profesión. Mi hija me preguntaba en alguna ocasión: ¿Por qué tienes que ir tú a hacer este viaje? Me acuerdo que estaban chiquitas mis hijas y una de ellas me dijo: '¿Por qué no va Jorge Mamos?' –le decían así, porque todavía no sabían pronunciar bien la erre–, y yo le dije: 'bueno hija, es un privilegio que esta persona, que se va a lanzar como candidato a la presidencia (que era Bill Richardson) le quiera dar a tu mamá, a una mujer, una entrevista exclusiva para anunciarlo'. Y yo creo que ella entendió eso y me hizo una tarjeta que decía: 'Espero que inspires a mucha gente en tu viaje. Buen viaje.'"

María Elena ha asumido ese pensamiento a lo largo de los años.

CAPITULO II - MARÍA ELENA SALINAS

Cuando le pregunté cómo había sido su camino en el periodismo siendo mujer y latina, me contestó:

"El machismo existe, definitivamente. Existe en nuestra industria, existe en el país, existe en nuestra sociedad en general. Yo siempre he estado consciente de que las mujeres tienen que trabajar el doble para recibir la mitad del reconocimiento. Pero la buena noticia es que sí podemos hacerlo, que estamos acostumbradas a luchar."

El 8 de diciembre de 2017, María Elena Salinas se despidió del noticiero Univision y del programa de investigación Aquí y Ahora, del cual también era presentadora y reportera desde el año 2000, junto con su colega y amiga Teresa Rodríguez. Le pregunté a María Elena cuáles habían sido las mejores y las peores noticias que había tenido que dar en más de tres décadas. Su mirada se fue hacia arriba, suspiró.

"Han sido muchas. Yo sé que ha habido varias ocasiones en las que se me han llenado los ojos de lágrimas y he tenido que echar la cabeza para afuera y parpadear, que esa es mi fórmula para no hacer el papelón de llorar en cámara. Cuando tú ves el sufrimiento humano, por ejemplo, es algo que te llega muy duro. Y eso lo vemos todo el tiempo en nuestra profesión, cubriendo guerras, cubriendo desastres naturales.

"Y en este momento no estamos viendo una guerra ni un desastre natural, pero lo que estamos viendo es una campaña en contra de nuestra comunidad y es algo que a mí me duele mucho; porque yo conozco a mi comunidad y hemos estado juntos luchando por mucho tiempo, y que alguien venga ahora a tratarnos como ciudadanos de segunda clase es algo que duele. Así que la mejor noticia que tengo que dar no la he dado. Y a veces me duele pensar que ahora me voy y que quizás no voy a tener esa oportunidad de dar esa noticia al aire, de que finalmente hay una reforma migratoria para los hispanos, de que a los hispanos se les está tratando con el respeto que se merecen, que se les está reconociendo su aportación a este país."

Mientras me decía esto, el rostro de María Elena se transformó. Pasó de la seriedad a la sonrisa franca con una mirada pícara y, levantando una de sus manos en el aire, simulando sostener un teléfono móvil, agregó:

"Pero bueno, como está cambiando tanto la tecnología, con mi teléfono celular les mando el anuncio."

La relación de María Elena con la comunidad hispana ha sido tan estrecha y larga, que ella la define como un vínculo familiar, más que solamente una relación entre una periodista y su audiencia.

"Siempre he dicho que hemos crecido juntos. La comunidad cuando yo empecé eran 14 millones de hispanos en Estados Unidos. Hoy en día son casi 60 millones. Y como te podrás imaginar, si todo este tiempo hemos estado ahí para informarles, esa es una relación muy larga, es como un matrimonio de treinta y pico de años. O te va muy bien o te va muy mal."

Según me confesó, María Elena Salinas quisiera dejar como legado a las nuevas generaciones el hecho de que podamos vencer el miedo ante cualquier obstáculo que se presente en nuestras vidas o nuestros sueños. Después de todo, ella misma tuvo que luchar contra los miedos que tuvo al inicio de su carrera.

"El exponerme enfrente de una cámara y que mucha gente me viera me daba miedo, yo era muy tímida. El miedo se me quitó como un año después y nunca jamás volví a tenerlo. Pero yo creo que hay que pensar '¿qué pasaría si no tuvieras miedo?' Si nos hacemos esa pregunta y empezamos a ver todas las posibilidades que hay para nuestras vidas, sería otra cosa."

Después de su paso por Univision, María Elena Salinas ha continuado su carrera como periodista independiente. También está dedicada a ayudar a los demás, pues gracias a un donativo que hizo a la Asociación Nacional de Periodistas Hispanos (NAHJ, por sus siglas en inglés), se fundó, en el año 2002, la Beca María Elena Salinas (Maria Elena Salinas Scholarship for Excellence in Spanish-language News), la cual da apoyos hasta de 5 mil dólares para universitarios sin graduarse y estudiantes de posgrado. Además, esta beca les da a los beneficiados la oportunidad de completar una pasantía en la cadena nacional de Univision o en alguna de las estaciones locales.

Personalmente, me llena de inspiración y orgullo haber entrevistado a una mujer que por más de treinta años nos ha abierto el camino a las mujeres latinas que buscamos un lugar en el periodismo de Estados Unidos. Y por eso me sumo a la frase que más se escucha cuando se habla de ella: ¡Gracias, María Elena!

CAPITULO III

VICTORIA ALONSO
La argentina más poderosa de Hollywood

Confieso que cuando escuché por primera vez el nombre de Victoria Alonso, poco sabía de películas como The Avengers, Guardianes de la Galaxia o Doctor Strange, producidas por los Estudios Marvel. Claro que estaba al tanto de que eran historias de superhéroes sacadas de cómics, pero no había visto ninguna.

Un día, junto con la promoción de alguna de esas películas llegó su historia hasta mi email, y me impresionó saber que una mujer latina estaba encargada de tomar la mayor parte de las decisiones relacionadas con la producción de las películas en los Estudios Marvel.

CAPITULO III - VICTORIA ALONSO

La llaman la argentina más poderosa de Hollywood, aunque ella dice que es porque no hay otra argentina haciendo lo que ella hace. Sencilla, agradable, sumamente inteligente y muy simpática: así es Victoria Alonso. En medio de sus múltiples actividades, llegó a las instalaciones de Univision 34, donde realizaríamos la entrevista para Latinas de Éxito.

Antes, platicamos un rato en el área de maquillaje y fue como si nos hubiéramos conocido de hace tiempo. Me sorprendió que, a pesar de ser una mujer tan influyente y ocupada, se tomara todo con calma y paciencia. Su mirada es profunda, pero tiene un brillo como si sonriera con los ojos. Siempre estuvo atenta a todo lo que yo o cualquiera que se acercara a hablar con ella le dijera. Ya frente a las cámaras, me contó cómo fue su niñez en La Plata, Argentina.

"Mi papá murió cuando yo tenía 6 años y crecimos en un momento político difícil de la dictadura de la Argentina. La niñez, de la manera en que yo me acuerdo, fue muy buena, pese a que en la parte política del país había un montón de cosas que pasaban que eran bastante difíciles y peligrosas."

Victoria se refiere al periodo posterior a la muerte del presidente Juan Domingo Perón, en 1974. Ante el vacío político, el 24 de marzo de 1976 las fuerzas armadas de Argentina dieron un golpe de Estado, tomando el poder y desatando siete años de oscuridad. Ella era una adolescente y así lo recuerda:

"Había atentados, amenazas de bomba, desapariciones de personas que no volvíamos a ver; que no sabíamos si habían sido secuestradas o habían muerto, no lo sabíamos. Eso pasó a ser nuestra forma de vida. Y como no conocíamos algo diferente, no nos dábamos cuenta de que esas cosas no deben de pasar."

Victoria no podía dimensionar el peligro de la situación que la rodeaba.

"No me daba cuenta de que ir a una marcha política podía significar

vivir o no vivir. Nunca tomé conciencia de que eso podía pasar. Evidentemente mi mamá lo sabía, porque el día que le dije que me quería ir a Estados Unidos de intercambio a estudiar, inmediatamente me dijo: 'sí, vamos'."

Victoria prefería pasar su tiempo dedicada a una de sus más grandes pasiones y a la disciplina que, dice, le salvó la vida: el teatro. En su adolescencia temprana comenzó a involucrarse en la actuación e incluso trabajó en un teatro en La Plata.

"De hecho no iba a las marchas en las noches, porque teníamos ensayos y prefería ir allá. Hasta la fecha me apasiona el teatro, porque para mí es importantísimo ver cómo la gente se manifiesta y se comunica y se expresa en diferentes partes del mundo."

Cuando tenía 15 años, Victoria viajó a San Diego, California, para estudiar por seis meses, pero después regresó a su país para terminar la escuela secundaria en el liceo Víctor Mercante, en la Plata, Argentina. Fue hasta los 19 años que migró definitivamente a Estados Unidos. Había estudiado inglés en Argentina, pero al llegar al aeropuerto de Los Ángeles, su perspectiva cambió.

"Ese día sentía que había llegado a China, no entendía nada, porque toda la gente habla muy diferente, dependiendo de dónde viniera. Entonces dije: wow, si esto es lo que aprendí, no me va a servir de nada."

Aun así, no tuvo miedo, porque siempre había querido saber cómo era el mundo fuera de su país y conocer escenarios diferentes. Cuando pisó suelo norteamericano, su objetivo estaba claro: realizarse como actriz. Se casó con un ciudadano estadounidense y se fue a la ciudad de Seattle para asistir a la universidad, donde estudió Psicología y actuación.

"Nunca supe lo que era estar detrás de la escena. Siempre pensé que para estar en el teatro tenías que ser actor. Entonces hice dos novelas

como actriz, pero siempre me encontraba con las opiniones de la gente que trabajaba en la producción: era muy alta o muy baja, muy blanca o demasiado latina, o no hablaba como latina. Hasta que me cansé y dije: ¿quién toma esas decisiones? Y me dijeron: los productores. Fue cuando dije: muy bien, entonces yo voy a aprender a producir."

Victoria decidió cambiar de rumbo porque no soportaba la idea de no tener control de su destino, de que fueran otras personas las que tomaran decisiones por ella y por su trabajo. Después de vivir en San Francisco y divorciarse, se mudó nuevamente a Los Ángeles para dedicarse a la producción de cine. Pero tuvo que pasar por otro tipo de labores antes de realizar sus sueños.

"Trabajaba desde las 5 de la mañana hasta el mediodía en una compañía aérea, Alaska Airlines. De las 12:30 hasta las 7 de la noche trabajaba en Paramount Pictures: la gente podía hacer tours en los estudios y yo era de los que guiaban en esos tours. Y durante el fin de semana trabajaba en un restaurante, como mesera."

Una compañera de Alaska Airlines la contactó con una amiga que trabajaba en producción, pues sabía de su pasión por el cine y el teatro.

"La llamé y me dijo: 'te puedo dar un trabajo como asistente de producción'. Cuando llegué, yo no sabía nada. Ella me dio una radio – yo no sabía ni qué hacer con esa radio– y me dijo: 'bueno, ahora lo que tienes que hacer es que ni un solo auto se mueva, parar todo el tráfico que venga'. Y yo no tenía idea de cómo hacer eso, pero me paré frente a los coches y les dije que pararan, porque estábamos filmando. Al final del día, la que me contrató me dijo: 'qué bárbara, qué bien paraste el tráfico, pensé que no lo ibas a lograr'."

Victoria trabajó durante cinco años en la producción de comerciales para televisión. Entre las empresas donde trabajó está la casa productora de los afamados directores Tony y Ridley Scott, donde llegó a ser coordinadora de producción. Victoria cuenta que colaboraban con una compañía de efectos visuales llamada Digital Domain. Curiosa, hacía preguntas a los productores y directores sobre el trabajo que ahí hacían. Ellos le ofrecieron un empleo por dos semanas como asistente de producción, algo que no la entusiasmó del todo.

"Era como bajar un poquito de categoría, pero como en ese momento no tenía proyectos, decidí ir. Había ido por dos semanas y me quedé cuatro años con ellos. A los dos meses empecé a producir, porque se dieron cuenta de lo que podía hacer. Me tiraban los trabajos que nadie quería. La gente que estaba ahí y tenía más experiencia no quería hacer los trabajos de la parte digital o todo lo que fuera la computación gráfica, porque no conocían el proceso, aunque estaban más establecidos que yo. Yo tampoco sabía cómo se hacía, pero me la pasaba preguntando a los que sí sabían. Así empecé a aprender toda la parte técnica, que influencia la parte creativa. Para mí fue como si hubiera vuelto a la universidad a hacer cosas que no sabía, pero fue a través de preguntar."

Una vez que sintió que su ciclo en el mundo de los comerciales había terminado, Victoria buscó una oportunidad en el cine. Sin embargo, no la dejaron producir una pequeña película de dieciséis escenas, que se llamaba La esquina roja, porque, según los productores, no tenía experiencia en el formato de cine.

"Entonces me fui a hacer una película en un estudio nuevo en ese momento, que se llamaba DreamWorks. Y el proyecto se llamaba Shrek, que en ese momento nadie sabía qué era ni cómo pronunciarlo."

Entonces despegó la exitosa y agitada carrera de Victoria Alonso. A lo largo de los años trabajó con directores como Tim Burton y Ron Howard. Recorrió varios países del mundo filmando y editando diferentes películas. Hasta que un día decidió que tenía que hacer una pausa en el camino.

"Había estado dos años y medio fuera de Estados Unidos, lejos de mi

casa. Es imposible tener amigos, pareja, vida, no puedes tener nada. Había engordado muchísimo y tenía un problema de tiroides por el estrés, y en cierta manera llega un momento en donde dices: ya basta. Había comprado una casa hacía más de dos años en Los Ángeles que nunca había visto, porque me fui a trabajar fuera. Así que regresé a conocer mi casa y por primera vez dejé de trabajar tres meses y decidí que solo iba a aceptar los proyectos que se filmaran en Los Ángeles."

Esta decisión significaría su entrada a los Estudios Marvel. Todo comenzó cuando filmaba la película Hancock, con el actor Will Smith.

"Esa película tuvo tres directores. Yo estuve con el primero y con el segundo. Y cuando el segundo se fue, el productor que estaba conmigo, que se llama Louis D'Esposito, me dijo: 'voy a hacer una película para que la trabajes conmigo'. Yo la única condición que le puse fue que se filmara en Los Ángeles. Después me dijo que era una película de superhéroes. Se trataba de Iron Man, dirigida por John Favreau, que fue mi primera película en Marvel."

Este cambio la hizo reflexionar sobre su propia vida y el rumbo que quería que tomara su carrera, sin arriesgar su salud.

"Negarme a filmar fuera de Los Ángeles fue una manera de preguntarme qué era lo que yo necesitaba. Y eso fue difícil para mí, porque estaba tan enganchada en mi carrera que hice una pausa y dije: ¿a dónde voy tan apurada? ¿Qué tan importante es? Si voy a estar enferma, si mi cuerpo no puede hacerlo, si no me siento bien, si estoy sumamente cansada, si estoy sola en el medio del mundo. Así que dije: esta la voy a hacer para mí. Y ese fue el comienzo en los Estudios Marvel."

El camino de Victoria por Marvel comenzó en el año 2004, y así me contó algunas de sus más grandes satisfacciones en uno de los estudios más grandes y exitosos en la industria del cine.

"La gran satisfacción es llegar a crear algo nuevo y diferente con una

manera de hacerlo que Hollywood no pensó que se podía hacer. En la Argentina decimos 'es el sueño del pibe', que es como el gran sueño que tiene la gente de crear algo distinto, pero que lo puedes amoldar como a ti te parece; que nadie te dicta cómo son las reglas para hacerlo. Cuando empezamos con todo esto, solamente pensábamos que íbamos a hacer una película."

Pero después de terminar Iron Man, Victoria y Louis D'Esposito fueron invitados por Kevin Feige (presidente de producción desde el 2007) a formar parte de los Estudios Marvel de manera permanente. La oportunidad le causó a Victoria un conflicto emocional.

"Yo soy productora en mi corazón; a mí me gusta producir. Y ser parte del estudio me parecía que no iba a poder ser yo, porque se trataba de ser productora ejecutiva y yo no sé hacer películas desde el escritorio. Mi manera de producir y mi manera de trabajar es con la gente, siempre con la gente, y como yo digo: no quiero estar solamente cuando sirvan la comida, quiero ver cómo se hace la salsa."

Por eso, Victoria aceptó la propuesta de Kevin Feige con la condición de seguir produciendo y de seguir en contacto con la gente en las filmaciones. Pero el plan era que ella estuviera encargada de los efectos especiales.

"Le dije que quería estar a cargo de todo: de los efectos visuales, de la producción, del audio, de la música, de todo. Él me dijo que cuanto más hiciera era mejor, así que me quedé como vicepresidenta de producción ejecutiva. Era una apuesta por algo que no sabíamos si iba a funcionar, pero resultó ser un éxito."

Durante ese tiempo, Victoria fue coproductora de películas como Iron Man, Iron Man 2, Thor y Capitán América: el primer vengador. A partir de The Avengers se convirtió en productora ejecutiva de todas las películas del Universo Cinematográfico de Marvel. En 2016, se convirtió en la primera mujer en ganar el premio Harold Lloyd, otorgado por The

Advanced Imaging Society, un galardón para los profesionales más destacados en el mundo de los efectos visuales.

En 2019, Victoria recibió el mayor premio que otorga su ciudad natal, la Llave de la Ciudad de La Plata; fue la segunda ciudadana platense en la historia en recibirlo y la primera mujer. Ese mismo año, la revista People la reconoció como una de las mujeres hispanas más influyentes del mundo. Después llegaron más reconocimientos, como el Premio Muse de la New York Woman in Film & Television; el Filmmaker Award de la Motion Picture Sound Editors; el Vision Award de la Visual Effects Society y un reconocimiento por su trayectoria y aporte a la innovación en la industria audiovisual, entregado por el Instituto Nacional de Cine y Artes Audiovisuales.

Aunque las satisfacciones en su carrera han sido constantes, Victoria también se ha encontrado con obstáculos.

"Mi obstáculo más grande ha sido la falta de tiempo. Cuando alguien nuevo viene a nuestra producción, siempre le digo: 'el único enemigo es el tiempo'. No es el estudio, no es el presupuesto, no son los actores, no es el libreto, no es nada de eso: el tiempo es lo que determina el éxito de cada proyecto, porque cada uno tiene un límite de tiempo para entregarlo."

En 2022, Victoria fue nombrada presidenta de los Estudios Marvel. El 17 de marzo de 2023 se anunció su salida de la compañía. Hay muchas versiones sobre las causas que la llevaron a esto, pero su huella de casi dos décadas en la industria del entretenimiento queda. Apoyó la inclusión de personajes femeninos fuertes y diversos, así como de personajes LGBTQ+; además, abogó por la contratación de directores y escritores de diferentes orígenes étnicos y culturales. Como resultado, logró crear un universo cinematográfico cada vez más diverso y representativo, con películas como Pantera Negra, Capitana Marvel y Shang-Chi y la leyenda de los Diez Anillos, que han roto récords de taquilla. En Eternals incluso apareció la primera pareja homoparental, lo cual fue celebrado en algunos sectores de la sociedad. Fuera de su trabajo en Marvel, Victoria también fue productora de la película Argentina, 1985, que ganó el Globo de Oro a la mejor película extranjera y recibió una nominación al Oscar en 2023.

Victoria asegura que nunca ha sentido que el hecho de ser mujer o latina haya significado un freno en su carrera o en el mundo de la producción de cine, dominado principalmente por hombres.

"Yo siempre he pensado que si no me salía algo o no me otorgaban el trabajo era porque había otra persona que era mejor para el trabajo, nunca me lo tomé como que no me dieran la oportunidad sólo por ser mujer. El ser latina me ha ayudado, porque cuando me enojo, empiezo a hablar en español y quienes trabajan conmigo ya saben que no es un buen momento para acercarse."

Las preocupaciones de Victoria siempre han ido más allá de los estereotipos de raza o género. Para crecer y mantenerse en el medio ha tenido siempre que pensar más allá de lo obvio.

"Nunca entré a una reunión y pensé: no me van a aceptar porque soy muy diferente o porque no sé inglés o porque no nací acá. Lo que sí pensé fue: espero tener la inteligencia para poder responder a lo que me pregunten. Algo que yo solía hacer en las locaciones donde hay situaciones extremas como viento, lluvia, nieve, desierto, y cuando no había internet, era que me aprendía todo de memoria, para que cuando me preguntaran algo, no tuviera que abrir ningún cuaderno ni consultar nada. Lo tenía en la cabeza y resolvía rápido."

Después de más de una década dedicándose a hacer películas de superhéroes, le pregunté a Victoria Alonso qué son para ella estos personajes.

"Para mí los superhéroes son chicos que tienen cáncer y que batallan el día entero contra la enfermedad. Eso es para mí el heroísmo del día. No debes de tener una capa ni un martillo para ser héroe."

Victoria, quien conoce el éxito muy de cerca, piensa que se trata solamente de un concepto, y que es transitorio. Sobre todo, no tiene que ver con lo profesional.

"El éxito para mí es ser feliz, ser buena madre, ser buena pareja, que mis amigos me quieran ver después de que me pasé meses y meses sin verlos porque estuve filmando o editando. El éxito para mí no es llegar a un lugar culminante de Hollywood, tener dinero o acceso a gente famosa."

En nuestra entrevista, Victoria Alonso dijo sentirse plena de tener una familia y aprender a equilibrar su vida laboral con su vida personal. A mí me impresionó la sabiduría y temple con que ella se maneja para hablar con todo tipo de personas y sobre todo tipo de temas. Siempre con una sonrisa, con las ideas claras y una voz dulce que hace pensar que no pasa ni pasará nada malo, aunque sobre ella caiga una tormenta.

Ahora, siempre que veo una película de los Estudios Marvel pienso en Victoria y me imagino que en esa espectacular producción estuvo una mujer latina que sufrió los horrores de la violencia en su país, pero que se abrió paso, pensando siempre en aprender de los demás y en ser inteligente para que nadie la pudiera derrotar.

HILDA SOLÍS
La primera latina en un gabinete presidencial

A lo largo de mi carrera periodística he entrevistado a gente del ámbito político. Debo confesar que es un medio que siempre me ha generado incomodidad, pues siento que hay demasiados intereses, traiciones y tensiones. Creo que a muchos políticos lo que menos les acaba importando es el bienestar de sus gobernados.

Pero el caso de Hilda Solís es diferente. Ella es una latina, hija de inmigrantes, cuya familia vivió en carne propia las consecuencias de las decisiones injustas de gobiernos abusivos y racistas. Por eso, decidió prepararse para impulsar ella misma los cambios para su comunidad.

CAPITULO IV - HILDA SOLÍS

Mientras escribo estas líneas, me doy cuenta de que Hilda es un personaje cotidiano para mí. Durante casi ocho años he presentado en el noticiero de Univision 34 numerosas entrevistas y reportajes en los que aparece ella, en su cargo de presidenta de la Junta de Supervisores del Condado de Los Ángeles. Y, sin embargo, al investigar más sobre su vida y su historia, no pude evitar emocionarme por su tenacidad, que es realmente inspiradora.

Por eso decidí buscarla para que me concediera una entrevista para este libro, ya que su nombre forma parte de la historia de la política moderna de Estados Unidos, y especialmente de las mujeres latinas que han participado en ella. Quedamos de hacer la entrevista vía Zoom a las diez de la mañana. Yo me preparé desde temprano para tener la información lista y la computadora conectada. Cuando se enlazó conmigo, vi a través de la pantalla su rostro sonriente. Me contó que desde temprano había estado en un evento y que iba regresando a su oficina, pero que estaba lista para que platicáramos. Se lo agradecí profundamente, considerando las responsabilidades que tiene y lo ocupada que suele estar.

Si me parecía tan importante tener su testimonio en este libro, es porque creo que más gente debe conocer sus logros y su trayectoria. Es una pionera, una líder nacida en la ciudad de Los Ángeles, aunque desde muy niña se movió de ciudad, como ella misma me contó.

"Antes, mi papá y mamá vivían aquí cerca de USC (la Universidad del Sur de California), en la calle que se llama Adams, pero ellos vieron que querían otro lugar más seguro para sus niños. Entonces se movieron cerca de la ciudad de La Puente y ahí es donde fui a la escuela. En esos tiempos no eran muchas familias mexicanas que vivían ahí, solamente dos familias éramos latinas en una cuadra bien grande."

El padre de Hilda, Raúl Solís, era mexicano, nacido en Coscomatepec, estado de Veracruz. Su madre, Juana Sequeira, era de Nicaragua. Juntos formaron una familia de siete hijos, cinco mujeres y dos hombres. Hilda fue la tercera y, según me contó, le tocó mucha responsabilidad, ya que sus padres tenían que trabajar y desde muy pequeña le encargaron cuidar a sus hermanos menores y realizar labores de la casa mientras ellos no estaban.

"Eran muy estrictos y a los diez años yo ya tenía que ser una mamá para mis hermanas, que son casi diez años menores. Mi mamá tuvo gemelas. Irma, mi hermana mayor, y yo estábamos dedicadas a cuidar a las gemelas; a mí me tocaba cuidar a Ana y a Irma le tocaba a Lety. En esos tiempos era muy duro, porque no teníamos muchas cosas, por ejemplo, no nos alcanzaba para pañales desechables, así que yo me acuerdo de que teníamos en el patio de la casa casi tres líneas de pañales de tela colgados; nos la pasábamos lavándolos, haciendo la comida, preparando los biberones. Era mucho lo que teníamos que hacer, entonces yo no tuve esa experiencia de tener tantas amigas, porque no podía salir a jugar, tenía que quedarme a cargo de limpiar la casa, de ayudar a mi mamá, de cocinar lo que podía, y eso nos enseñó a ser más independientes."

Estas experiencias hicieron que Hilda madurara más rápido que otras niñas de su edad. Sin embargo, a pesar del aprendizaje que obtuvo, también tuvo momentos de frustración y llegó a reclamarle a sus padres.

"Yo también me enojaba, decía: ¿por qué no puedo ir a ver a mis amigas? O tener amigas, porque ustedes siempre me piden que esté aquí trabajando o si no, me regañan y me castigan. Eso no era malo, pero era un ejemplo muy diferente que muchas veces en nuestras familias es tradicional, pero no en las familias americanas. Eso me enseñó que si yo tenía que hacer algo, lo tenía que hacer sola."

Otra de las tareas que Hilda tenía desde niña era traducir al español todo lo que sus padres no entendían bien en inglés. Lo que sí entendían muy bien era trabajar duro, y tanto Hilda como sus hermanos quedaron marcados con la disciplina y el ejemplo de sus progenitores:

CAPITULO IV - HILDA SOLÍS

"Mi papá trabajaba en una fábrica de baterías. Pero es un trabajo muy peligroso, porque usan muchos químicos que afectan a los trabajadores. Mi papá era muy pobre y no pudo terminar ninguna carrera, a pesar de que era muy listo, pero tuvo que trabajar para mantenernos. Él siempre nos decía: 'aquí en Estados Unidos hay muchas oportunidades y pueden estudiar gratis, porque aquí el sistema garantiza la educación a cada niño, no importa si eres indocumentado, si eres pobre o lo que sea'. Mi mamá trabajaba cuidando a los hijos, nos enseñó cómo hacer nuestros vestidos, pantalones, todo. Pero después de que nacieron las gemelas tuvo que trabajar, porque eran muchos costos. Eso fue muy duro para ella. Pero entró a la fábrica de Mattell y eso era muy bonito, porque cada dos o tres meses, los nuevos juguetes que llegaban a las tiendas los teníamos en la casa. A pesar de lo que sufrió mi mamá en el trabajo, ella traía las nuevas Barbies, Hot Wheels y todas las muñecas y todo. Ella salía a trabajar a las 4 de la tarde y hasta las 10 de la noche, nos decía: 'aquí está la comida en el refrigerador'."

La vocación política de Hilda Solís también le vino desde muy pequeña a través de su padre, quien en México fue representante de la unión sindical conocida como los Teamsters. En la fábrica de baterías Quemetco, en el Valle de San Gabriel, luchaba por mejores prestaciones de salud para los trabajadores. Estos temas están entre los más tiernos recuerdos de Hilda.

"Cuando mi papá llegaba de trabajar, después de comer, veíamos las noticias en inglés, con Walter Cronkite, me acuerdo. En esa época, en los años setenta, estaba ocurriendo la Guerra de Vietnam y recuerdo que muchos latinos estaban muriendo en esa guerra. Yo veía mucha discriminación y mi papá me decía: 'mira, lo que está pasando no está bien, y por eso tú tienes que educarte y estar preparada, porque aquí en este país se pueden hacer muchas cosas, pero hay mucha discriminación'. Él también nos contaba que lo trataban mal en sus trabajos. Y desde ahí yo empecé a ver que tenía que haber cambios y tenía que haber justicia."

Otro hecho que quedó por siempre grabado en la memoria de Hilda fue el asesinato del presidente John Fitzgerald Kennedy, el 22 de noviembre de 1963, en Dallas, Texas. Hilda recordó así ese fatídico día:

"El día que mataron al presidente Kennedy yo llegué de la escuela y encontré a mi mamá llorando. Yo le pregunté: 'Mom, ¿por qué estás llorando?', Y me dijo: 'porque nos mataron al presidente que nos iba a ayudar, que iba a pelear por los derechos de los latinos, mexicanos y los negros y todos. Y mira lo que está pasando'. Y yo creo que desde ahí, de chiquita, tenía el interés de ver cómo podía yo cambiar esa situación."

Todas esas experiencias fueron motivando a Hilda para prepararse más y lograr los cambios que deseaba ver en la sociedad y especialmente en su comunidad. Nadie en su familia había ido a la universidad y parecía un sueño inalcanzable, por la falta de recursos económicos. Incluso hubo quienes intentaron desmotivarla, pero su deseo de luchar por las minorías era más grande.

"Cuando tenía 13 o 14 años, un maestro me dijo que yo no era material para ir a la universidad y así se lo dijo a mi madre. En esos momentos, tenía otro maestro mexicano que me decía: 'Hilda, ¿qué vas a hacer cuando salgas de la preparatoria? ¿Vas a ir a la universidad?' Y yo me le quedaba viendo y le decía: '¿Estás loco? ¿Qué no ves que mis padres no tienen recursos para que yo estudie una carrera? ¿Cómo voy a ir? Ni siquiera estoy tomando clases de preparación'. Y él me dijo: 'nada de eso, tú puedes hacer cambios si quieres, hay diferentes programas que existen para ayudar a los estudiantes de primera generación a ir a la universidad'. Esos programas, que se llaman Educational Opportunity Program existen como parte de los derechos civiles de las minorías, y el profesor me dijo que yo podía obtener ayuda financiera, ya que venía de una familia de bajos ingresos. Y yo le decía a mis papás que quería ir a la universidad."

Los padres de Hilda la impulsaron a seguir estudiando. Gracias a ese apoyo, no se detuvo en su intento de convertirse en la primera persona de toda su familia en acudir a la universidad. Con ayuda de becas federales y con sus ingresos de empleos a tiempo parcial, se licenció en Ciencia Política en 1979. Dos años después, obtuvo una maestría en Administración Pública en la USC.

"Fui a Cal Poly Pomona (la Universidad Estatal Politécnica de California). Fui la primera en mi familia en ir y con eso rompí el techo de cristal y las barreras que nos ponen siempre a las familias como la mía, porque no sabemos cómo navegar el sistema. Yo llevaba a mis hermanas las mellizas chiquitas conmigo a la universidad a ver festivales y eventos culturales, y con eso se fueron motivando y desde niñas ya sabían ellas también que iban a ir a la universidad."

Este logro llenó de orgullo a la familia de Hilda, pues con su ejemplo cambió el rumbo de las siguientes generaciones.

"Yo siempre estuve hablando mucho de las oportunidades de educación, especialmente a mis hermanas menores, y gracias a toda esa experiencia las tres fueron a la universidad. Y no a Cal Poly Pomona, fueron a UCLA (la Universidad de California en Los Ángeles, una de las mejores universidades públicas de Estados Unidos). Mi hermana se recibió de doctorado en Salud Pública, ella era profesora, ya no está con nosotros, murió, pero era muy luchadora. Y las otras, las gemelas, me preguntaban: 'Hilda, ¿en qué carrera crees que nos debemos enfocar para que nos vaya bien?' Y yo les decía: 'en las ciencias, en matemáticas, o ser ingenieras'. ¿Y sabes qué? Estudiaron para ingenieras y se graduaron. Una Petroquímica y la otra Ingeniería Eléctrica. Y fue también con la ayuda financiera del gobierno, porque estábamos todavía en la pobreza."

Hilda sabía que quería trabajar en el gobierno. Pero no para ser elegida, sino para ayudar a que más jóvenes tuvieran acceso a la educación como ella lo tuvo. Sin embargo, fue inevitable ir poco a poco adentrándose en las esferas políticas de Estados Unidos. Así me contó de sus inicios en la administración pública:

CAPITULO IV - HILDA SOLÍS

"Ya que me recibí de la maestría, estuve trabajando como interna en Washington D.C. con Esteban Torres, que era el encargado de Asuntos Hispanos de la Casa Blanca y yo me fijé que, aunque íbamos creciendo los hispanos, no era suficiente la representación, no teníamos tanto poder. Después de la administración del presidente Jimmy Carter (1977-1981), cuando perdió la reelección, fue como una fractura para mí y dije: no me voy a quedar aquí en Washington, tengo que regresar a California y enfocarme en lo que yo empecé de primero, para ir a trabajar en educación o lo que sea para ayudar a mi comunidad. Regresé y traté de ayudar a estudiantes a prepararse para la universidad. Empecé a trabajar como administradora de un programa especial del estado de California, que se llamaba California Student Opportunity and Access Program. Lo que yo tenía que hacer era ayudar a estudiantes de preparatoria para ir a la universidad, especialmente al Rio Hondo Comunity College. Muchas personas me decían, '¿por qué no te postulas para la junta directiva del colegio?' Y yo les decía: '¿Cómo voy a hacer eso? Ya tengo demasiado trabajo'. Pero me dijeron que ellos me ayudarían, que no me preocupara. Así, se acercaron mis amigos y personas que yo conocía y lanzamos una campaña pequeña. Mucha gente no pensaba que yo iba a ganar, porque era muy joven, tenía 26 años en ese tiempo, y muchos de los otros miembros de la mesa directiva ya tenían muchos más años y eran americanos."

Esto no intimidó a Hilda Solís. A pesar de que tenía detractores y voces en contra que la acosaban por su raza, su edad o su inexperiencia, ella estaba convencida de sus objetivos. De modo que no se dejó vencer y siguió adelante con su campaña. En 1985 fue elegida como parte de la junta directiva.

"Te ven diferente y te preguntan: '¿qué vas a ofrecer tú, si apenas estás empezando tu carrera?' Pero yo toqué puertas también con mi familia, hasta mi mamá fue conmigo, y la gente me decía: '¿cuál es tu agenda?' Y yo les decía: 'yo quiero que ese colegio llegue acá a nuestra comunidad, que nosotros también tengamos el poder de ir a Rio Hondo', que está en Whittier y es una escuela de mucho mejor nivel

que La Puente, donde yo estudié. Con ese discurso me postulé, gané y me quedé ocho años en ese puesto. No era un trabajo de tiempo completo, iba dos días al mes, pero desde ahí empecé a hacer cambios y me di cuenta de que mi voz era fuerte, de que podía trabajar con otras personas con las mismas ideas y podíamos tener personas que nos representaran en los consulados. Me enseñó mucho el tener esa posición y conocí a mucha gente."

Durante su período como miembro de la junta, Hilda luchaba para que hubiera una mejor formación profesional en el instituto y para aumentar el número de puestos ocupados por minorías y mujeres. Ingresó en varias cámaras de comercio en California, así como organizaciones femeninas y latinas. Ese arduo trabajo llamó la atención de personas que le veían potencial para un puesto más alto y comprometido con las causas que ella defendía. Empezó a recibir propuestas para lanzarse como candidata a la Asamblea Estatal de California.

Aunque su familia se opuso a que se dedicara a la política y que se postulara a puestos públicos, Hilda los convenció de que haría las cosas de manera diferente y contaría con el apoyo de su comunidad. En 1992 lanzó una campaña que se enfocó en visitar las casas de los ciudadanos de su distrito.

"Mucha gente me decía: 'no vas a ganar, no tienes dinero, no tienes el poder'. Pero trabajé muy duro y gané y me quedé en la Asamblea dos años."

Durante su paso por la Asamblea Estatal, Hilda Solís logró sacar adelante un proyecto de ley que permitió a los inmigrantes indocumentados acudir a las Universidades de California, y que tuvo mucho impacto. También apoyó otro proyecto de ley que prohibió a empleados fumar tabaco en los lugares de trabajo. Fue miembro de varios comités en donde se trataban temas laborales, educativos y del medio ambiente, incluido un nuevo comité en el cual se trató el tema de la contaminación del agua subterránea; trabajó para aprobar una legislación de justicia medioambiental, con una ley para proteger a las comunidades minoritarias y de bajos ingresos contra los vertederos de basura y otros riesgos. Todos estos temas estuvieron entre las inquietudes de Hilda desde muy niña, cuando vivía muy cerca del basurero de Puente Hills. Tal y como se lo había propuesto, por fin estaba logrando los cambios que quería ver.

"Mucha gente latina tiene que vivir en lugares donde hay mucha contaminación, no hay parques, no hay suficiente ayuda para tener vidas saludables ni servicios. Y siempre he estado enfocada en esos temas, especialmente en los derechos de los trabajadores, eso me enseñó mi papá, porque era un líder en su sindicato. Cuando llegaba a la casa de trabajar, sacaba unos papelitos y ahí escrito en español, decía: 'necesito el pago de mis horas extra, me robaron mi salario'. Y me decía: 'Hilda, por favor tradúceme esto en inglés'. Y desde ahí yo pensaba: no está bien que esta gente esté trabajando tan duro y que les estén robando su sueldo, no les den su pensión o no les den días de descanso o vacaciones. Entonces me enfoqué mucho en los sindicatos, en ese poder de tener esos derechos en el trabajo. Y no solamente para los hombres, sino también para las mujeres que trabajaban en la costura."

Le pregunté a Hilda quiénes habían sido sus ejemplos a seguir, sus mentoras en este camino de romper esquemas en la política de Estados Unidos, siendo mujer y latina. El primer nombre que me dijo emocionada fue el de Dolores Huerta, quien sin duda es una mujer extraordinaria, una pionera en la lucha por los derechos de los trabajadores de California y quien, junto con el activista César Chávez, logró un cambio histórico en las condiciones de los campesinos del estado, desde la década de los 50 del siglo pasado. Otra de las mujeres que acompañó a Hilda en sus objetivos fue Gloria Molina, quien también es considerada un referente entre las mujeres latinas y en el ámbito político de California, ya que, entre muchos otros logros, fue la primera hispana elegida en llegar al Concejo Municipal de Los

Ángeles; en 1991 repitió la hazaña al conquistar un puesto en la Junta de Supervisores del Condado de Los Ángeles. En la plática, Hilda Solís recordó sus experiencias junto a Gloria Molina.

"Cuando yo estaba estudiando en el colegio, Gloria Molina se lanzó para la Asamblea Estatal de California. Estuve leyendo sobre ella y conocí unos grupos en lo que estaba involucrada, como Comisión Femenil, representando áreas de San Gabriel y el este de Los Ángeles, y me dio mucho gusto trabajar por su campaña, cuando ella se lanzó también. Era más grande de edad que yo, pero yo vi que tenía mucha fuerza y mucho ánimo para hacer cambios para nuestra comunidad. Y desde ahí yo decía: si ella lo puede hacer, yo también lo puedo hacer. Y ella me ayudó en mis elecciones y yo también apoyaba en sus elecciones y campañas muy duras, cuando se lanzó para ser supervisora. Era una campaña muy fuerte, porque se lanzó otro candidato latino que se llamaba Art Torres. Ellos habían sido amigos, después se volvieron rivales políticos, pero ella ganó por el apoyo de la comunidad. Tengo muchas experiencias con otras personas como Dolores Huerta. Cuando estuve trabajando en Sacramento como senadora, ella se acercó mucho a mí y yo la conocí; es un ejemplo muy grande para mí y hasta la fecha siempre está conmigo, es mi mentora."

Tras su desempeño en la Asamblea Estatal, Hilda decidió ir más lejos y, de la mano del Partido Demócrata, se presentó en las elecciones primarias para el escaño que había abandonado Art Torres, titular del distrito número 24 del Senado Estatal de California. Obtuvo la nominación y en 1994 derrotó al candidato republicano Dave Boyer en las elecciones generales, con 63% de los votos. Así se convirtió en la primera mujer latina en formar parte de ese órgano legislativo y la primera mujer que representó al Valle de San Gabriel. Además, fue la más joven integrante del Senado en ese tiempo. Desde esa trinchera, siguió luchando por los derechos de los trabajadores.

"Cuando yo era senadora, en la ciudad de El Monte encontraron a 72 mujeres de Tailandia que estaban encerradas en un condominio, como

si fuera una prisión. Las personas que las habían contratado estaban abusando de ellas, tenían sus pasaportes y algunas se tenían que quedar hasta siete años como esclavas. Les ponían candados, no se podían salir. Eso me impactó mucho, teníamos muchas investigaciones e impulsé muchas legislaciones para dar estas protecciones para los trabajadores."

Otro de sus grandes logros como senadora fue proponer un proyecto de ley para aumentar el salario mínimo en California de 4.75 a 5.75 dólares por hora. Era el año de 1995 y la industria de restaurantes y alimentos se opuso rotundamente a esa propuesta. No fueron los únicos, pues Hilda tenía un rival aún más poderoso: el entonces gobernador, Pete Wilson.

"Yo propuse como tres veces un proyecto de ley, pero el gobernador Wilson lo vetó, dijo que no se podía hacer. Entonces yo me lancé con los sindicatos y con otros grupos y pusimos una iniciativa en la boleta electoral que ganó para todo el estado de California. Mucha gente me decía: 'estás loca, vas a impactar a las personas que tú estás diciendo que quieres ayudar, van a perder sus trabajos si aumentan el salario mínimo'. Y no era verdad."

Este logro le valió a Hilda ser reconocida en todo el estado. Otros estados quisieron seguir sus pasos con iniciativas similares. Otra de sus prioridades era crear iniciativas de ley para prevenir y frenar la violencia doméstica.

"En esa época fue lo que pasó con O. J. Simpson y el asesinato de su esposa. Era muy fuerte el tema de la violencia doméstica contra la mujer, entonces yo me enfoqué en eso, porque vi también en mi comunidad muchos abusos y no teníamos suficientes programas ni fondos para poner refugios temporales para mujeres, porque si no salían de sus casas, las mataban sus esposos o parejas. Además me preocupaba la violencia y trauma que enfrentan los niños cuando ven eso en la casa. Luché mucho para tener esos proyectos de ley y no fue *fácil, porque los comités que tenía que enfrentar eran dominados por hombres, que no estaban de acuerdo con los derechos de la mujer. Pero ganamos."*

Durante los ocho años que fungió como senadora estatal, Hilda fue muy activa en el Partido Demócrata. Luego de ser senadora fue electa para la Cámara de Representantes de Estados Unidos, donde ejerció del año 2000 a 2008. En ese período conoció a figuras como el ex candidato a la presidencia, Al Gore, y a Hillary Clinton. Lo que ella no imaginaba era que esa cercanía con las esferas políticas del gobierno federal la llevaría nuevamente a hacer historia, en 2008, junto al recién electo presidente Barack Obama.

"Él me conocía porque trabajábamos en diferentes proyectos del medio ambiente, de derechos civiles, muchas cosas en que teníamos interés. Cuando ganó la presidencia, él y su equipo querían tener un gabinete diferente que se pareciera a las comunidades, que de verdad han hecho mucho en este país pero no se ven en el gobierno. Yo pienso que las personas que estaban cercanas a él le dijeron '¿por qué no hablas con Hilda Solís? Tiene intereses iguales a los tuyos'. Rahm Emmanuel, el jefe de gabinete de Obama, le estaba ayudando a aconsejarle para nominar a las personas para formar su gabinete. Emmanuel y yo luchábamos para sacar más escaños para demócratas y él me conocía mucho por Nancy Pelosi, que era como mi madrina, mi mentora y me ayudaba mucho y me quería ver lanzándome en otras cosas."

Hilda se encaminaba a ser la primera mujer latina que ocupara un puesto dentro de un gabinete presidencial de Estados Unidos. Su experiencia con los trabajadores y sindicatos de California le daría el puesto como secretaria del Trabajo. Antes de eso se entrevistó con Obama. Y aunque estaba segura de lo que podía lograr, tuvo que recordárselo al presidente electo.

"Yo fui a una entrevista con él y me dijo: 'tú no tienes experiencia de ser

administradora de una agencia tan grande. ¿Cómo lo vas a hacer?' Y yo le respondí: '¿Sabe qué, señor presidente electo? Soy joven y siempre he sido subestimada. Soy latina, por mi raza, pero también sé que siempre he tenido que trabajar más fuerte que nadie. Así que esos son los elementos que voy a usar y voy a rodearme de gente que esté mejor preparada y que va a ayudarme en esta administración.' Y cuando le dije eso, puso su enorme sonrisa y dijo: 'Ok, está bien'. Y tal vez ahí fue cuando conecté con él. Me dijo: 'Hilda, me tengo que ir, porque ya son las 6 de la tarde'. Y yo había viajado a Chicago específicamente para esa entrevista y nunca pensé que me fuera a dar esa posición, pensaba, 'no me va a contratar'. Yo traté de decir las cosas correctas. Al día siguiente me llamaron y me dijeron: 'Hey, ¿entonces sí quieres el trabajo?' Y yo les dije que tenía que pensarlo y hablar con mi familia, pero acabé aceptando."

Hilda estaba en un punto cumbre de su carrera política. Había llegado a uno de los puestos más altos a los que se puede aspirar en su ámbito. Sin embargo, estaba entrando en un mundo completamente diferente al que estaba acostumbrada. Ahí se dio cuenta de los enormes retos que la esperaban.

"Cuando tú trabajas en una oficina ejecutiva, es muy diferente que cuando eres congresista. Hay muchas leyes y decisiones que no te dejan hacer muchas cosas, no eres elegido por la gente, eres seleccionado por el presidente. Era muy estricto todo, ellos te mandan a hacer tal o cual cosa y tú lo tienes que hacer y tienes que trabajar con otros miembros de tu administración. En ese tiempo, estábamos en recesión y cada mes yo tenía que reportar los datos de desempleo, y era muy feo, porque estaban atacando a la administración, especialmente los republicanos, y mucho más a una latina; no me querían porque yo venía de los sindicatos, de cosas progresistas. Fue duro, pero también hubo muchos días en que hicimos cosas buenas para los trabajadores, poniendo muchos fondos para ayudar a personas que laboraban en la construcción, en la limpieza, y yo sé que mi trabajo tenía impacto."

En 2013, dos semanas antes de que Barack Obama comenzara su segundo mandato como presidente, Hilda Solís presentó su renuncia como secretaria y dijo en un mensaje a sus empleados que, tras discutir el asunto con su familia y amigos cercanos, había decidido comenzar un nuevo futuro y regresar a California, su estado natal. En un comunicado, la Casa Blanca aceptó su renuncia y calificó a Hilda como "una incansable defensora de las familias trabajadoras".

A pesar de haber tenido un puesto de tanta importancia en el gabinete presidencial, Hilda Solís no escapó de la discriminación ni de los prejuicios. Le pregunté cuáles habían sido los más grandes obstáculos que había enfrentado, siendo mujer, latina e hija de inmigrantes, trabajando en la política de Estados Unidos. Suspiró profundamente y me dijo: "todo lo que acabas de mencionar ha sido obstáculo". Luego siguió con una anécdota:

"Nunca olvidaré un evento que me ocurrió cuando estaba en Washington, como miembro del senado estatal. Había un elevador especial, sólo para miembros del Congreso. Cuando yo entré al elevador, hubo una mujer que me dijo: 'lo siento, este elevador no es para ti, tienes que salirte e irte al elevador público'. La miré, le mostré mi pin y le dije: 'yo soy miembro de esta legislatura, no me voy a salir'. A veces las propias mujeres de otras razas no nos ven en estas posiciones, ha tomado mucho tiempo para que la gente lo entienda. Es algo constante. Aunque hemos avanzado, todavía falta mucho por hacer, porque incluso entre nuestra propia gente, entre nuestros propios hombres, sigue habiendo mucho machismo, siguen sin ver a las mujeres, sin involucrarse en esas posiciones. Y siguen viendo nuestros roles subyugados y siempre he peleado por eso, siempre he pensado que las mujeres pueden estar por encima de sus vidas, por encima de sus cuerpos y decidir hacia dónde quieren ir."

Tras su renuncia al gabinete de Obama, Hilda Solís comenzó su regreso al origen, su reencuentro con sus ideales más profundos, que la llevaría a postularse como supervisora del distrito 1 de la Junta de

Supervisores del Condado de Los Ángeles. Siguieron los reconocimientos a su labor: en 2010, recibió el Premio Robert P. Biller Inaugural por Servicio Público Ejemplar de la Escuela de Política, Planificación y Desarrollo de la Universidad del Sur de California. Y en 2011, la Asociación Hispana de Colegios y Universidades le otorgó el Premio del Presidente a la Excelencia.

Cuando le pregunté a Hilda cómo se sentía de ser pionera en tantos ámbitos –la primera mujer latina en servir en el gabinete presidencial de Estados Unidos, la primera mujer latina que fue miembro del Senado Estatal de California y la primera mujer que representó al Valle de San Gabriel, además de ser la primera hispana que trabaja en el Comité de Energía y Comercio y la única latina en la Junta de Supervisores del Condado de Los Ángeles–, soltó una contagiosa carcajada y me contestó:

"No tengo tiempo para pensar en eso, cada día es una página diferente del libro. Tienes que seguir, yo sé lo que he hecho y también que hay mucha más oportunidad para las jóvenes latinas y otros que, si trabajan duro y se educan, pueden tener más oportunidad."

Aunque la labor de Hilda Solís ha sido un parteaguas en la presencia de las mujeres latinas en la política de Estados Unidos, y en general para los trabajadores hispanos, ella no se detiene a pensar en los honores que merece, porque su mente está siempre enfocada en sus siguientes objetivos.

"Tengo que construir más casas y parques mientras esté aquí. Y crear más oportunidades para mujeres que necesitan cuidado de niños, que necesitan mejores condiciones de trabajo. Eso es realmente importante, porque si las mujeres siguen lidiando entre ir a trabajar y el cuidado de sus hijos, nunca van a salir del salario bajo, del bajo nivel de vida, de la inseguridad, y necesitamos cambiar eso. La única manera de hacerlo es, otra vez, educación. Y nunca es tarde para una mamá para ir a la escuela, ya sea para aprender inglés o para hacerse ciudadana. Ella puede llevar a sus hijos a las clases. Mi mamá nos llevaba a sus clases

de ciudadanía cuando éramos niños y cuando se volvió ciudadana estaba muy orgullosa. Estaba aterrada de tomar el examen, pero significó mucho para nosotros ver cómo hizo el esfuerzo y lo logró."

Las satisfacciones que le han dejado estos 40 años de carrera política son muchas. Y su papel como funcionaria fue fundamental para el manejo de la pandemia de covid-19 en el Condado de Los Ángeles, del año 2020 al 2022. Hilda se mantuvo firme en sus decisiones de exigir el cubrebocas y otras restricciones que la hicieron acreedora de duras críticas. Sin embargo, la firmeza de sus políticas consiguió que Los Ángeles, en comparación con otros condados del país, tuviera una respuesta eficaz, gracias a la proliferación de centros de vacunación gratuita contra el coronavirus.

"Una de las más grandes satisfacciones ha sido saber que soy capaz de ayudar a la gente. Tener la capacidad de proveer más clínicas, de ayudar a la gente durante la pandemia; especialmente a los latinos, que estaban asustados de recibir la vacuna o no sabían a dónde ir, porque eran indocumentados. Esas son las cosas que me satisfacen, que me impulsan y me mantienen motivada, porque yo sé que la pandemia dejó muchas deficiencias en nuestro sistema y todavía tenemos mucho trabajo por hacer. Y eso es lo que quiero hacer, quiero seguir ayudando."

Antes de terminar la entrevista, le pregunté a Hilda cómo logra mantener ese espíritu de lucha y esa fuerza para no claudicar ante las adversidades.

"Mi motivación es estar en mi cultura, con mi familia. Estar rodeada de gente que tiene intereses similares a los que tengo y realmente sentirme en casa, sentirme cómoda con lo que he hecho. Eso me hace sentir con ganas de continuar, estar lista para lo que sigue y pelear. Y sobre todo, tener confianza y fe, yo tengo mucha fe. No soy la más religiosa, pero tengo mucha fe de que la gente quiere ver buenas cosas hechas. Constantemente trato de recordármelo y eso lo aprendí de mis

padres, que llegaron sin familia de Nicaragua y de México. Es decir, ¿quién va a venir a este país sin nada en las manos, criar siete hijos y confiar en que lo bueno va a pasar?."

Para terminar la entrevista, le pedí a Hilda Solís que le enviara un mensaje a las niñas y jóvenes latinas que viven en Estados Unidos y que, aunque tienen mayores oportunidades que las que pudo tener ella cuando estudiaba la preparatoria o la universidad, ahora se enfrentan a nuevos obstáculos, a nuevas formas de discriminación y al acoso proveniente de las redes sociales, que podrían desmotivarlas de sus objetivos. Hilda respondió en inglés, que es su primer idioma.

"Tengan confianza en ustedes mismas, tomen riesgos, pero estén seguras de qué clase de riesgos son, porque todo tiene consecuencias. Sean cuidadosas, traten de estar cerca de gente buena, que puedan ser líderes y mentores para ustedes. Estudien muy fuerte y aprendan tanto como puedan. Sean como una esponja, tomen tanta información como sean capaces y luego dejen fuera los malos pensamientos y sentimientos. Y sigan hacia adelante, aprendan cómo funciona el sistema educativo y saquen ventaja de eso. Encuentren esos lugares a los que quieren ir, donde están sus talentos, sus habilidades. Siempre pueden seguir soñando, pueden crear sus propias oportunidades. No tienen que quedarse con una sola opinión o con la gente que dice que no pueden hacer tal o cual cosa."

Con la contundencia que la caracteriza, Hilda cerró así una conversación sumamente emocionante y enriquecedora. Aún sigo haciendo cuentas en mi cabeza de cómo logra distribuir el tiempo para lograr legislar para su gente y crear cambios evidentes, sin dejar de participar en organizaciones en pro de los trabajadores, de las mujeres y del medio ambiente. Y además, atender su vida privada, convivir con su familia y tener tiempo para ella. Hilda Solís es un ejemplo para las nuevas generaciones, que muchas veces no resisten tener dos o tres actividades laborales al mismo tiempo. Necesitamos más Hildas en el mundo, en el país y en California, para que podamos construir un entorno mejor, como el que ella ha logrado para miles de personas.

CAPITULO V

TAMARA MENA
Una segunda oportunidad después de una tragedia

El día que conocí a Tamara Mena lo voy a recordar siempre. Fue en 2018, durante el aniversario de la revista Alegría Magazine, fundada por Davina Ferreira, otra latina exitosa que celebraba con un elegante coctel el triunfo de su publicación, con la cual empoderaba a la comunidad hispana de Los Ángeles. Cuando vi a Tamara me llamó poderosamente la atención. Iba arreglada de forma espectacular, hermosa, sonriente, platicando con mucha gente... y sentada en una silla de ruedas.

Al poco rato coincidimos, y fue cuando me contó su historia. Quedé tan impactada que de inmediato la invité a que formara parte de Latinas de Éxito.

CAPITULO V - TAMARA MENA

El día de la entrevista llegó maquillada de forma impecable, vestida para la ocasión y cargando en la mano unos zapatos de tacón, por si era necesario que se los pusiera frente a la cámara. Venía sola, manejando una camioneta adaptada a sus necesidades.

Con completa confianza, Tamara relató en el estudio cómo, a los 19 años de edad, volvió a nacer. Aunque la primera vez que lo hizo fue en la ciudad de León, estado de Guanajuato, en México.

"Mi niñez fue muy feliz, una niñez normal, diría yo. Me gustaba mucho correr, andaba siempre por todos lados. Recuerdo que crecí con dos primos, yo soy hija única pero nunca me sentí sola. Fui siempre muy cercana a mi mamá, mi mamá es madre soltera así es que éramos el paquete, ella y yo, hasta la fecha."

Tamara llegó a vivir a Estados Unidos cuando tenía 13 años de edad. Su abuelo materno, ciudadano estadounidense, se encontraba grave de salud, y los médicos le daban sólo siete meses de vida. Para estar cerca de él, Tamara y su mamá se mudaron a Modesto, California.

"Afortunadamente, de siete meses que le quedaban nos duró siete años. A mi abuelito fue el amor de su familia lo que lo ayudó. Él estaba curiosamente en silla de ruedas también, pero fue el guerrero más grande que yo he conocido. No se le atoraba nada, todo lo que él quería hacer, encontraba la manera. En el momento no me di cuenta, pero después de los años supe que él me enseñó mucho a cómo enfrentar la vida, a cómo lidiar con la silla."

Aunque llegó a California con residencia estadounidense, al igual que su madre, y aunque le gustaba el estilo de vida en Estados Unidos, para Tamara fue muy difícil adaptarse a un nuevo país, una nueva casa y una nueva escuela donde, al principio, no tenía amigos.

"Me costó trabajo pasar de una ciudad grande a un lugar tan chiquito como Modesto, pero me enfoqué en mis estudios. Yo sabía que una de mis metas era ir a la universidad. Después de un tiempo me gustó darme cuenta de que aquí tendría más oportunidades."

La situación económica de Tamara era muy distinta a la que tenía en México, donde, a pesar de no tener grandes lujos, vivía bien junto a su mamá. Al menos, hasta que las crisis económicas en ese país comenzaron a golpear la economía familiar. Fue el momento en que emigraron.

"De ir a esta escuela privada y tener mis cosas a llegar literal con una maleta, me hizo mucho más humilde, al darme cuenta de que ya no tenía nada. Pero a la vez, no tener nada y empezar a salir adelante es empoderador, y creo que me sirvió esa experiencia; me hizo más fuerte y de alguna manera me preparó para otras cosas que iban a venir después."

Tamara fue una alumna muy estudiosa, que estuvo entre las diez mejores de su colegio, el Modesto Junior College. Pero aun cuando recibía el reconocimiento de sus maestros, había algo que no la dejaba creer en sí misma.

"No me sentía merecedora de irme a una de las grandes universidades, una universidad de renombre. De alguna manera yo solita me limitaba. Ahora sé que más que a dónde vayas, es lo que tú decidas hacer con la educación o con las experiencias que tú vivas en tu vida. Porque puedes ir a la mejor universidad y no hacer nada. Pero yo tenía mucho potencial para ir a una mejor universidad, y aquí el punto es que no me la creí. No pasa nada, porque escogí otro recorrido y me ha enseñado muchas cosas."

Aunque tenía capacidad para el estudio, Tamara estaba indecisa sobre qué carrera cursar. Mientras entraba a la universidad, empezó a trabajar en un hotel de Modesto, California. Ahí descubrió que le gustaba el área de administración de empresas y recursos humanos.

"Yo siempre había pensado que algún día me iría a San Diego. Me parece precioso, y también pensé: 'Está más cerca de México, así puedo ir más seguido a visitar a mi familia'. Entonces busqué universidades allá que tuvieran que ver con hotelería."

CAPITULO V - TAMARA MENA

En esos tiempos Tamara tenía un novio llamado Patrick. Él estaba dispuesto a irse con ella a vivir a San Diego, pues quería ser cirujano ortopédico. Así que decidieron mudarse.

"A la edad de 19 años, me mudé a San Diego. Tenía una roomate y en aquel entonces yo de verdad me sentía la super mujer, así como invencible. Haberme independizado tan joven me hacía sentir muy contenta, muy orgullosa y a la vez sentía que mi plan de vida me estaba saliendo tal cual como yo quería."

Algo que no estaba en sus planes, pero que llegó por casualidad, fue la oportunidad de modelar. Tamara no se sentía modelo, pero una chica del gimnasio al que asistía la invitó a participar en una sesión de fotos para un calendario de bikinis.

"Fue chistoso, porque me comentó que la chica que se quedara en la portada del calendario se ganaría un viaje a Cancún para dos personas. Y a mí eso fue lo que me gustó, dije: 'ay, sí, qué tal que ganara, a mí sí me gustaría ir a Cancún.' Entonces por eso fui. Y quedé entre las doce chicas seleccionadas, pero no gané la portada."

A partir de ahí comenzó a hacer trabajos ocasionales de modelaje, al tiempo que seguía con sus estudios. Todo parecía marchar de maravilla en la nueva vida que Tamara había elegido. Pero un día, esa vida dio un giro y cambió su destino para siempre.

"El 15 de octubre de 2005, yo y mi novio Patrick estábamos trabajando, allá en San Diego. Sus amigos de Modesto iban a ir a visitarlo y yo lo acababa de llevar a México. Lo llevé a Tijuana, que obviamente no es lo mejor de México, pero a él le encantó la gente, la vibra, la comida mexicana; en general la experiencia, pero sobre todo por la cultura, por mí. De modo que cuando supo que irían sus amigos, quiso llevarlos a México. El plan era ir a Rosarito (Baja California) a bailar. Yo les había dicho: 'espérenme, porque yo también quiero ir con ustedes'."

Ese día, Tamara pidió permiso para salir temprano de trabajar y se fue con ellos. Conscientes de que nunca es una buena idea tomar alcohol y manejar, decidieron viajar en coche hasta la frontera, estacionar el auto y tomar un taxi que los llevara a Tijuana, para ir más seguros. Resultó todo lo contrario.

"Éramos siete personas, yo iba atrás del taxista, Patrick iba al lado mío y nuestros amigos iban del lado derecho. Ya casi llegábamos a Rosarito, todavía estábamos en carretera, pero ya casi llegábamos, cuando chocamos con un caballo, que estaba ensillado y a medio camino. Como íbamos muy rápido, el taxista trató de esquivarlo, pero de todos modos chocamos con el caballo, que cayó encima del techo de mi lado y lo colapsó casi hasta el nivel del asiento. Eso es siempre para mí un recordatorio de lo afortunada que soy de estar viva, porque si pueden visualizar ese tipo de impacto y que esté aquí y que pueda hablar, es increíble."

Patrick empujó a Tamara hacia un lado y de alguna manera la protegió. Sin embargo, las consecuencias de estar en el lado del auto donde impactó el peso del caballo fueron graves.

"Me fracturó la espalda, me dejó con una lesión medular, lo cual me hace parapléjica. Tuve múltiples fracturas, entre ellas la clavícula, que me la tuvieron que reconstruir, dos costillas, tuve fracturas en la cara, la nariz me la fracturé y una de las cosas más difíciles fue que se me colapsaron los pulmones, así que no podía respirar por mí misma ni comer."

Mientras hablaba de su accidente, Tamara permaneció tranquila; describió con precisión cada una de las lesiones que sufrió su cuerpo. Su voz se entrecortaba por momentos, pero no porque quisiera llorar, sino por las secuelas que le dejó la traqueotomía (una incisión en la tráquea) que le tuvieron que practicar para que pudiera respirar.

"No podía ni hablar, tenía un tubo en la boca. Fueron momentos muy difíciles, porque yo no sabía lo que había pasado. Obviamente tuvimos

un accidente, pero no estaba bien segura de qué le había pasado a Patrick."

Tanto Patrick como el taxista que venía manejando fallecieron tras el impacto. Los cuatro amigos de Patrick sobrevivieron.

"Los dos estaban más altos, entonces cuando el techo se colapsó, para ellos fue muerte instantánea, le fracturó el cráneo. Sin lugar a duda, eso fue lo más difícil para mí. Me acuerdo que decía: 'me vale que no pueda caminar'. Recuerdo así pensar literal esas palabras. A mí lo que más me dolía era que él ya no iba a estar aquí."

Inmediatamente después del accidente Tamara estaba en shock y no recuerda nada. Sin embargo, la primera persona que llegó a ayudarlos aseguró que Tamara fue la más fuerte y la más coherente, pues, a pesar de quejarse por el dolor y de no sentir las piernas, le dijo con claridad los nombres y teléfonos de todos lo que iban en el auto, y le dijo que su novio había muerto.

"Lo que sí me acuerdo es que pasó el accidente y lo primero que yo hice fue llamar a Patrick. Me acuerdo de que lo agarré de la manga y yo le decía: 'babe, babe' y pues... ya no me respondió. Cuando salí del shock, yo ya estaba en emergencias en Tijuana y escuché a un primo hablando por teléfono y diciendo que Patrick había muerto. En ese momento fue cuando yo me di cuenta, cuando empecé a llorar, empecé a gritar, me quería levantar de la cama, pero no podía. Empecé a tocar mi cara y tenía sangre por todos lados, tenía muchos vidrios en la cabeza; porque todo se colapsó de mi lado del coche."

Los dolores eran tan intensos que Tamara tuvo que recibir altas dosis de morfina y otras drogas. Esto le provocó alucinaciones.

"En mis sueños yo veía a Patrick, me despertaba preguntando '¿dónde está Patrick?', y recuerdo la cara de las personas, no sabían ni qué decirme. Y ahí es cuando yo me acordaba: ya no está aquí. Pero fue muy confuso, siento que lo veía en mis sueños porque era lo que yo quería creer."

CAPITULO V - TAMARA MENA

Dos semanas después del accidente, Tamara se enteró que ya se había realizado el funeral de Patrick. Eso fue un golpe más a su delicada salud.

"De hecho se esperaron, se esperaron más tiempo, pensando que tal vez me iba a recuperar y que podría asistir. Pero yo me sentí tan triste, tan defraudada, yo quería correr. Pero estaba atada a muchas máquinas, fueron momentos muy frustrantes, muy dolorosos."

Gracias a la traqueotomía que le realizaron, Tamara fue recuperando lentamente la capacidad de hablar y respirar por sí misma. Me contó que le ponían un tapón en la garganta por ratos, lo que le permitía proyectar la voz. Una de las primeras cosas que dijo impresionó a su mamá y a su tía, quienes estuvieron con ella en todo momento.

"Me cuentan que de lo primero que dije fue: 'pero no se preocupen, yo voy a regresar a la Universidad y me voy a graduar'. Y dicen ellas que se voltearon a ver como diciendo: 'Ay, Dios mío, pobrecita, ¿qué le decimos?'. Y ahora yo les digo: 'yo sí sabía lo que iba a hacer, las que no sabían eran ustedes'. Aun así, intubada y sin poder respirar, yo no me iba a dar por vencida. Pero mucha de mi motivación fue que Patrick no tuvo una segunda oportunidad de vivir, pero yo sí. Y en lugar de quejarme, debo de apreciarla. En parte por mí, porque sigo viva, pero también, porque sería el honor más grande que le pudiera hacer, seguir con mi vida, con mis metas y esperando que se sintiera orgulloso de lo que hizo, que no fue en vano."

La motivación y el deseo de honrar a su difunto novio tardaron en llegar. Tamara estuvo internada tres meses en un hospital de Tijuana. Después comenzó una larga rehabilitación, en la que tenía que usar una especie de caparazón desde el cuello hasta la pelvis, que le sostuviera y fortaleciera la columna. Su preocupación en esos momentos era pasar Navidad en el hospital.

"Pasé el Día de Acción de Gracias en el hospital y fue muy triste. Yo me acuerdo que ese día por fin me permití llorar, y yo lloraba y lloraba.

Tenía una mezcla de sentimientos, porque me sentía por una parte tan agradecida por haber sobrevivido, pero a la vez estaba muy dolida con la pérdida de Patrick, no sabía ni cómo procesarlo."

Tamara logró regresar a su casa para el día de Navidad. Sin embargo, el accidente estaba muy reciente, y su adaptación a la nueva vida tampoco estaba siendo fácil.

"Yo no me podía levantar de la cama sin el caparazón que me habían puesto y no me podía bañar. Entonces me tenían que bañar en la cama, todo me lo tenían que hacer, me volví completamente dependiente. Fue muy difícil, yo estaba deprimida por esa situación y por la pérdida de Patrick."

En esos momentos, Tamara hizo consciencia de lo que le había ocurrido y de que en su nueva vida debía de estar agradecida por muchos motivos.

"Las cosas más básicas que yo nunca realmente me puse a pensar: 'ay, tengo la habilidad de hablar o de respirar por mí misma'. Nunca pensé en qué afortunada era en poder caminar, en poder ir y venir a donde yo quiera; mucho menos poder respirar por mí misma. Pero esta situación me ayudó a apreciar hasta las cosas más sencillas."

En medio de un panorama tan obscuro, el apoyo de su familia estuvo presente en todo momento.

"Recuerdo que una tía llegó a visitarme, me miró fijamente y me dijo: 'recuerda que no eres una víctima, eres una sobreviviente'. Esas palabras me marcaron. Yo no le dije nada, solamente escuché. Pero me acuerdo que mentalmente dije: 'tiene razón, voy a comprometerme conmigo misma y a partir de ahora voy a vivir mi vida como una sobreviviente'. Y para mí, eso significa seguir adelante, agradecer, no victimizarse. Porque había muchas cosas que ya no tenía, pero no iba a enfocarme en esas cosas: al contrario, iba a enfocarme en lo que sí tenía y en lo que todavía podía hacer."

Tamara había pensado que en cuanto terminara su rehabilitación en el hospital podría regresar a la universidad y cumplir sus sueños. Sin embargo, su nueva realidad la rebasó y tuvo que aplazar sus planes.

"Regresé a la casa y pues fue un shock, porque en el hospital tienes enfermeras, tienes terapeutas, te guían. Pero ya llegando a tu casa, estás solo y es difícil porque nadie más te entiende. Había mucha gente que no sabía qué decirme y se sentían mal de estar cerca de mí. Los seres humanos somos egoístas, era mucho dolor para ellos verme y preferían evadirme. Yo sentí ese rechazo de la gente."

Transcurrieron dos años antes de que pudiera retomar sus estudios, pues pasó por cirugías y muchas complicaciones como consecuencia de las lesiones que sufrió en el accidente. Esto le generó mucha desesperación.

"Yo soy una persona impaciente y perfeccionista, entonces me exigía mucho. Mis amigas empezaron a graduarse de la universidad y no sabes qué frustración, porque yo era de las que iba más adelantada con créditos y con calificaciones. Y de un día para otro, ya no tenía nada de eso."

Cuando finalmente pudo regresar a la universidad, Tamara cambió de rumbo, pues la carrera de Negocios Internacionales ya no le apasionaba. Además, notó que el contar su experiencia de vida estaba inspirando a otras personas.

"Estar tan cerca de la muerte y ver lo frágil que es la vida me hizo apreciarla. Pero yo también dije: 'No sabemos hasta cuándo vamos a estar aquí'. Y en ese momento, una persona muy allegada a mí me dijo: 'oye, tú eres muy buena comunicadora, porque siempre me escuchas, me alientas... ¿no has pensado en estudiar Comunicación?' Y yo me puse a investigar y me convencí de estudiar Comunicación porque pensé: 'si comparto mi historia a pesar de que ha sido muy difícil y le puedo ayudar a la gente, pues como que vale la pena el recorrido'."

Así, se decidió a estudiar la carrera de Comunicación en la California State University Stanislaus en Turlock, California. Tenía la firme idea de convertirse en conferencista motivacional, pero sabía que para eso necesitaba prepararse.

"No quiero ser motivadora nada más porque tengo una historia impactante. Quiero estudiar y de alguna manera espero poder demostrar que merezco ese lugar, que merezco estar enfrente de una audiencia y decir: estudié, tengo una carrera. Para mí eso era importante."

Tamara se graduó de la universidad con los más altos honores y fungió como oradora principal de su generación, convirtiéndose en la primera alumna en silla de ruedas nombrada para esa tarea.

"Es un honor muy grande, porque te sientan con el presidente de la escuela, con todos los maestros. Y hasta la fecha ha sido uno de los discursos que más han significado porque motivó a muchísima gente, eran 10 mil personas. Entonces recibí una ovación, fue un sentimiento que jamás se me va a olvidar."

Una vez que se graduó, Tamara quería seguir siendo motivadora, pero también hacerse un lugar en los medios de comunicación. Uno de sus sueños era acudir al programa Sábado Gigante, de Univision, conducido por Mario Kreutzberger, mejor conocido como Don Francisco.

"Yo me puse como meta que quería estar ahí, así que mandé correos, hice llamadas, hasta que di con una productora, le compartí mi historia, me acababa de graduar...

"Así que fui a ese programa, después aparecí en otros como motivadora y es ahí donde me empecé a dar cuenta que me gustaba estar frente a las cámaras, la gente me empezó a hacer buenos comentarios sobre cómo me desarrollaba. Y es ahí donde consideré dedicarme a la conducción o a trabajar en televisión."

A partir de entonces, Tamara comenzó a desarrollarse como presentadora en distintos proyectos de televisión, también como locutora de radio y modelo. Además, se desarrolló como conferencista motivacional y creó su propio canal de YouTube, llamado See Beyond (Mira más allá).

"See Beyond se trata de no estar esperando a que algo te llegue, a que la gente crea en ti, sino de crear tus propias oportunidades. Mi contenido se trata de ser incluyente con las personas con discapacidad. Me escribe mucha gente que está en la misma situación que yo y me cuentan que les cuesta mucho encontrar trabajo, que la gente los discrimina, y me da mucha tristeza, porque yo también he sentido esa discriminación. Por eso quiero hacer un cambio positivo al resaltar las muchas historias de gente con y sin discapacidad, gente que ha luchado. Quiero que la gente vea lo capaces que somos."

A Tamara, sus intenciones de trabajar en los medios de comunicación le han traído muchas decepciones. Y es que, por más que ha tratado de demostrar su talento y capacidad como profesional, las miradas siempre se van hacia su silla de ruedas, y eso ha sido una gran limitante para desarrollarse en su campo profesional.

"Siendo honesta, no es fácil estar en una silla de ruedas y querer entrar en la industria del entretenimiento, porque creo que es un medio muy superficial y aparte son muy pocas las personas a nivel mundial que tengan una discapacidad y trabajen en televisión. Entonces después de yo estar en varios programas, dije: 'yo no quiero ser nada más una inspiración o una invitada. Yo quiero demostrar mi talento, aplicar mi carrera de Comunicación y que no importe mi silla'. Sin embargo, ese recorrido no ha sido tan fácil y mucho tiene que ver con los prejuicios, los estereotipos que la gente tiene. Creo que la mayoría se enfocan en la discapacidad, en lugar de ver más allá."

Las decepciones también han llegado para Tamara en el mundo del modelaje. Aunque ha tenido participación en varias pasarelas y sesiones de fotografía, asegura que falta mucho camino por recorrer para quienes están en su situación.

"Los diseñadores no nos ven ni siquiera como un mercado de consumidores. Yo también me visto, también tengo que salir. Y no es lo mismo vestirte para andar de pie que vestirte sentada. Yo me acuerdo cuando recién me lesioné que muchos de mis pantalones ya no me quedaban, porque sentada es diferente. Algo que a mí me molesta mucho es que a mí o a las personas con discapacidad no nos traten con dignidad.

"No es un acto caritativo incluir en una pasarela a una muchacha en silla de ruedas. Si hay muchachas guapas y tienen el talento, deben de ser tratadas como cualquier otra modelo, de una manera digna y que se les compense su tiempo."

Estos golpes de realidad la han llevado a concentrarse en su desarrollo como motivadora y productora de sus propios contenidos para medios de comunicación. Tamara me confesó que en varias ocasiones ha pensado en darse por vencida y olvidar sus sueños, pero hay una pregunta que se hace a sí misma y la obliga a regresar a ellos.

"Si yo mañana o en este momento falleciera, ¿estaría orgullosa de la vida que he vivido? Yo me cuestiono eso seguido, porque si mi respuesta es que no, entonces tengo que trabajar más para sí sentirme orgullosa."

En su camino, Tamara ha conocido a todo tipo de personas y trata de que su propia historia le sirva a cualquiera para reflexionar sobre su vida.

"Siempre nos creemos invencibles, nos creemos ajenos a la tragedia hasta que la vivimos. Jamás me iba yo a imaginar que de un día para otro la vida me iba a cambiar como me cambió, que Patrick ya no estaría aquí. Pero eso le puede pasar a cualquiera, entonces yo invito a los jóvenes a pensar si con sus posibilidades y con sus habilidades

estarían orgullosos de la vida que están llevando, de las metas por las que están luchando. Y si la respuesta es no, entonces que se esfuercen más, que crean en sí mismos. Mi consejo más grande es que no dejen que nadie los limite, que si porque eres mujer, que si porque eres latina, porque eres inmigrante, porque estás en silla de ruedas, por lo que tú quieras. No permitas que las limitaciones y las inseguridades de otras personas te limiten a ti."

A pesar de tener una mentalidad tan madura y de ser una mujer fuerte, Tamara reconoció en la entrevista que aún no está en el lugar que quisiera estar.

"Estoy orgullosa de que sigo en la lucha, de que no me he dado por vencida y de que por lo menos puedo decir: estoy luchando por lo que quiero. Porque la vida no se trata nada más del destino a dónde vas, sino de apreciar el recorrido para llegar a él."

Y si bien su recorrido ha sido mucho más difícil que el del promedio de jóvenes de su edad, la calma, sabiduría y dulzura que emanan de Tamara en todo momento me conmovieron profundamente. No veo en ella a una persona con discapacidad; veo a una chica sumamente bella por dentro y por fuera. Una chica que volvió a nacer y que ha sabido regresar a la vida, con humildad y fortaleza, en esta segunda oportunidad.

Para mí, Tamara será siempre una persona inolvidable, de esas que cambian la vida y sacuden el pensamiento. Un ejemplo a seguir y una historia que viene a mi mente en los momentos más complicados, pues pienso que si ella pudo salir adelante, todos podemos hacerlo.

CAPITULO V

JULIE STAV
Veinticinco dólares cambiaron su destino

El nombre de Julie Stav está íntimamente relacionado con las finanzas de miles de hispanos en Estados Unidos. Sus libros se venden por millones y temas como conseguir casa propia, abrir una cuenta de inversión bursátil y cuidar el presupuesto familiar son su especialidad.

Esa, por lo menos, es la información de primera mano que se encuentra sobre ella en internet. Y cuando investigué más sobre los obstáculos que tuvo que remontar para llegar a donde está, supe que debía formar parte de Latinas de Éxito.

Me sorprendió la gran cantidad de programas de radio, televisión y portadas de revista que Julie acumula desde la década de 1990. Gran parte de su carrera la ha hecho en Univision, por lo que me di a la tarea de contactarla y hacer una cita a través de su esposo, Dan Stav, quien ha sido su cómplice y el más grande promotor de su talento.

CAPITULO VI - JULIE STAV

Con una enorme sonrisa, un sabroso acento cubano que todavía conserva y una amabilidad que acaricia el alma, Julie nos recibió en su casa, un lugar precioso y lleno de paz. Sentadas frente a frente, Julieta Alfonso, que es su nombre de soltera, me habló de su infancia en su natal Cuba.

"Nací en La Habana, pero me crie en un pueblo chiquitico que se llama Vertientes, en la provincia de Camagüey, al oeste de Cuba. Mi niñez fue feliz porque íbamos a la finca, porque mi papá era arrocero; él tenía cinco hermanos que cultivaban el arroz y lo exportaban. Empezaron de la nada y levantaron un buen negocio."

El papá de Julie trabajaba intensamente para que a ella y a su hermano no les faltara nada. Pasaba los días tranquila y muy apegada a su familia. Pero esa felicidad terminó el 1 de enero de 1959, cuando Fidel Castro, a la cabeza de la Revolución Cubana, derrocó al presidente Fulgencio Batista y tomó el poder en la isla.

"Las cosas cambiaron. Poquito a poco, el gobierno fue interviniendo la tierra que tenía la familia, hasta el punto en que un día alguien se llevó el jeep que era de mi papá. Yo le dije: '¿Qué pasó papi? Se está llevando tu carro'. Y me respondió: 'eso ya no es mío, eso es del gobierno'. Y mandaron a mi papi a recoger estiércol de vaca y caballo en la misma finca de la que él era dueño."

Conforme se instauró el nuevo régimen, creció en los padres de Julie el temor de que cualquier imprudencia podría poner en peligro a sus hijos. Decidieron que los dos salieran de Cuba de manera legal. Primero su hermano fue enviado a España y luego, al cumplir 14 años, Julie fue enviada a México.

"Sólo estuve 22 días en México, porque siendo menor y viajando sola, me dieron la residencia. Y yo ahí reclamé a mis abuelos y a mis padres. Después me vine para Los Ángeles, donde teníamos familia."

Uno de los mayores miedos de Julie en ese entonces era que tal vez no volvería a ver a sus padres, pues Fidel Castro podría cerrar las puertas de la isla en cualquier momento. Y aunque le emocionaba tener una nueva aventura en otro país, vivió tiempos muy difíciles.

"Lo recuerdo con mucha nostalgia y con mucho dolor, porque me da lástima aquella niña, de pensar lo valiente que fue. Que vino con una sonrisa, pero qué incertidumbre, qué odisea."

La mirada de Julie se entristece al rememorar aquellos tiempos, pero también se ilumina cuando recuerda el impacto que fue para esa adolescente cubana pasear por las calles de Los Ángeles.

"Cuando yo veía aquellas tiendas, todas abastecidas de cosas, yo me impresionaba y les preguntaba a mis tíos: '¿qué es lo que hay que tener para comprar esto?' Ellos me decían: dinero. Y yo les preguntaba: '¿en serio? ¿Dinero nada más?' Porque en Cuba, tuvieras o no tuvieras, había escasez de todo, había una libreta donde te decían cuánto tú podías comprar al año. Así que para mí ver toda aquella abundancia, toda aquella libertad, era increíble. El hecho de que nadie te decía a ti lo que tenías que estudiar, porque en Cuba si se necesitaban doctores, tú ibas a ser doctora; si se necesitaban ingenieros, ibas a ser ingeniera. O sea que tú estudiabas lo que el país necesitaba, no lo que tú querías. Cuando vi eso, yo dije: 'yo me como este país por una pata'."

Julie y su hermano tuvieron que esperar dos años para reunirse con sus padres en Los Ángeles y juntos comenzar una nueva vida, con la abundancia y libertad que ya no conocían en su país, pero con otra clase de retos. Cuando empezó a estudiar la preparatoria en la Hollywood High School, Julie entró a un grupo conocido como NES, donde segregaban a los estudiantes que no sabían hablar inglés, los "Non English Speaking".

"No se esperaba nada de nosotros. Era degradante, yo salí clasificada como retrasada mental en el examen de inteligencia que me hicieron en la escuela, porque no hablaba ni una papa de inglés. Así que ahí en high school empecé a nadar, porque en el agua somos todos iguales. Y

me di cuenta de que a mí no me iban a derrotar. Y yo siempre pienso: 'hay personas que tienen éxito porque alguien creyó en ellos y hay personas que tienen éxito porque sienten que nadie está creyendo en ellos'. Y yo era una de ellas."

Con esa tenacidad, Julie logró ingresar a la Universidad Loyola Marymount en Los Ángeles, donde estudió para ser educadora, con especialidad en Literatura española.

En 1974, la Suprema Corte de los Estados Unidos dictaminó que, según la Ley de Derechos Civiles de 1964, un distrito escolar de California que recibiera fondos federales debía proporcionar a los estudiantes que no hablaban inglés una instrucción en lengua inglesa, para asegurar que tuvieran acceso a una educación equitativa. Fue así que Julie Stav comenzó a dar clases a niños migrantes.

"Yo perdí tres años de educación en lo que aprendía inglés, porque no podía aprender más nada. Yo quería que mis estudiantes no perdieran el tiempo y que siguieran aprendiendo matemáticas, ciencia y lo que fuera en el idioma que ellos entendían mientras aprendían a hablar inglés."

La pasión por las finanzas le llegó a Julie Stav tiempo después. Acababa de divorciarse de su primer esposo, con quien tuvo a su hijo Tony, a quien ahora tenía el reto de mantener ella sola.

"Tenía dos trabajos, no tenía dinero. A mi hijo Tony le gustaba mucho desayunar cereal con jugo de naranja. Y él creía que todos los muchachos comían lo mismo, pero la razón es que yo no tenía dinero para comprar leche. Entonces compraba el jugo de naranja congelado, le ponía mucha agua para que me rindiera, y esa agua sucia era lo que yo le ponía en el cereal. Tenía mucha necesidad, y en ese tiempo me pasó un libro por las manos, escrito por una mujer de Texas llamada Venita VanCaspel. Ese libro enseñaba de una manera muy sencilla el dinero que hubiera tenido si hubiera puesto un poquito en la bolsa de valores."

Era la primera vez que Julie escuchaba el término "bolsa de valores". Se puso a investigar y a estudiar hasta que obtuvo la licencia de corredora de bolsa, pensando que así aprendería a invertir. La primera inversión que hizo Julie en su vida fue de 25 dólares.

"Empecé a hacerme la idea de que estaba invirtiendo, con un papel y un lápiz, y vi que estaba haciendo dinero y dije: 'esto no es difícil, esto es más fácil que criar a un muchacho'. Y ahí fue cuando empecé a darle clases a mujeres, porque dije: otras mujeres tienen que conocer de esto. Me reunía con ellas en bibliotecas y escuelas para explicarles cómo hacerlo, así que yo les ayudaba en sus finanzas y ganaba comisión de lo que ganaran en sus cuentas."

Fue una de sus alumnas la que sugirió formar grupos de inversión. Julie no sabía mucho al respecto, pero empezó a organizarlos.

"En el primer grupo de inversionistas que formé junté a 64 mujeres. Cada una invirtió 10 dólares. En seis meses eso ya caminaba y ya no me necesitaban. Así llegué a formar doce grupos de inversionistas al mes."

Aquello llamó la atención de Deborah Adamson, una reportera del periódico Los Angeles Daily News. La nota fue publicada en primera plana y sorprendió a toda una comunidad.

"El Daily News tuvo que abrir una línea especial sólo para dar el teléfono de nosotros. Más de mil personas me llamaron. Yo les ayudé a formar 22 clubes de inversionistas; luego renté un sitio y les cobré 5 dólares a cada una por 6 meses, les daba asesoría una vez al mes.

"A veces venían los hombres sólo a ver si su mujer podía estar en el grupo de inversionistas o no. Y los maridos me llamaban para preguntarme: '¿Qué es lo que tanto ven ustedes en esos grupos de inversión? Porque mi mujer llega a la casa y está revuelta'. Yo les contestaba: 'Ay, mire, señor, tomamos mucho café, seguro es por eso'. Pero no, la verdad es que todas esas personas se estaban dando

cuenta de lo que podían alcanzar."

La incursión de Julie a los medios de comunicación comenzó cuando una de sus alumnas tuvo la idea de hacer un infomercial donde diera consejos financieros. Ella decidió asesorarse primero.

"Un abogado me dijo: 'Julie, tú necesitas escribir un libro. No me importa así no vendas una copia de ese libro, tú necesitas publicar porque te pone en otro peldaño'. Yo le dije: 'yo no sé escribir un libro', pero me acordé de Deborah Adamson, la reportera del Daily News, y le pedí ayuda. Así que ella lo escribió conmigo a un lado, diciéndole todo lo que ella iba a hacer. El libro se publicó en inglés y en español y en cinco semanas se volvió uno de los mejores vendidos del New York Times."

Ese primer libro fue publicado en el año 2001 y se llamó "Obtenga su porción: Una guía a riquezas extraordinarias para la mujer común". La clave de su aceptación estuvo en que Julie utilizó un lenguaje sencillo, con humor, y que proponía inversiones con muy poco dinero para empezar. De ahí despegó una exitosa carrera, que comenzó con dos programas en la cadena estadounidense de televisión pública PBS y la publicación de dos libros más.

"Empecé en inglés, pero luego vi que no había nadie en español enseñándole a nuestra gente, que lo necesita más que nadie y que llegamos aquí con un espíritu empresarial increíble. Y pensé: este es el tipo de cosas que los hispanos pueden aprender mientras aprenden inglés, porque se puede invertir en la bolsa de valores sin saber inglés. Y lo aprendes de la misma manera, porque el mismo dólar que pones tú es el que pone Bill Gates y todo se va al mismo lugar y nadie en nuestra familia habla de esto. Cuando estamos en la mesa del comedor, los latinos no hablamos de inversiones."

Con conceptos simples y consejos prácticos, Julie empezó a aparecer de forma regular como asesora financiera en programas de Univision,

CAPITULO VI - JULIE STAV

Telemundo, ABC y CBS. Creó su propia revista financiera, llamada Tu Dinero. También tenía espacios en Univision Radio y en la cadena Utilísima, donde produjo su programa Mis finanzas con Julie Stav para países de América Latina. El éxito era abrumador, y eso empezó a causarle una crisis.

"Muchas veces le tenemos más miedo al éxito que al fracaso. Me di cuenta que yo misma me saboteaba. Me molestaba si alguien de mi familia decía: 'y ella ¿quién se cree? ¿Cree que es mejor que nosotros?' Porque cuando tú rompes las reglas de la tribu, no eres muy popular. Es algo que se habla muy poco: cuando tienes éxito, te sientes que no cabes en ninguno de los dos lugares; tus amistades cambian. Llegó un momento en que dije: si me quieren, bien, y si no también, pero yo voy a hacer lo que me dicta el corazón."

Esta determinación le ha valido a Julie tres matrimonios y dos divorcios. Su marido Dan Stav le dijo que, más que asesora financiera, ella es una trabajadora social, porque ayuda mucho a la gente.

"Tuve que aprender a quererme a mí misma, a entender que yo no me tenía que ganar el amor de nadie. Yo iba a hacer el bien porque es lo que yo quería hacer, y mi misión es hacer el bien y no darte un pescado, sino enseñarte a pescar."

Julie Stav ha sido reconocida en la mayoría de las listas de latinos líderes, visionarios e influyentes. Actualmente, está semirretirada, y eso le da la libertad de manejar su tiempo como mejor le convenga.

"No me ato por ningún horario, tengo un podcast que se llama Tu dinero con Julie Stav, es gratis, lo pueden escuchar cuando quieran y ahí yo doy mi clase. Las personas llaman a un número por teléfono, me dejan sus preguntas y las respondo al aire. Tengo también un bootcamp de cómo aprender a invertir en la bolsa empezando con nada. Así es que mi misión es traer a Wall Street a la puerta de tu casa."

Para Julie Stav, la felicidad es poder estar más tiempo con su familia, cocinar, y saber que el sufrimiento que pasó de niña valió la pena, pues en su paso por Estados Unidos ha dejado huella en miles de personas, principalmente hispanas, ayudándolas a creer en sí mismas y a empoderarse en todos los aspectos.

"El poder es algo que se toma, no es algo que se da. Y si tú estás esperando a que alguien te dé el permiso para hacer lo que tú sabes aquí en las entrañas que es lo que quieres hacer, ese día no va a llegar. Así que ponte los pantalones de niña grande y toma ese primer paso. Y atente a las consecuencias, lo que pase, que pase."

Las consecuencias, en el caso de Julie, fueron el éxito y la diversión de dedicarse a lo que le apasiona. Entrevistarla fue para mí una lección y me permitió reflexionar sobre la manera en que las carencias de los países latinoamericanos crean una cultura donde se piensa que no merecemos el dinero, que siempre le pertenece a alguien más poderoso. En realidad, lo puede tener quien quiera, siempre y cuando tenga el conocimiento de cómo manejarlo y luche todos los días por adueñarse de él, en lugar de esperar a que llegue de alguien más.

MARÍA ALONSO

La alimentación orgánica fue la salvación para su hijo

A María Alonso la conocí en Los Ángeles, durante un evento de la comunidad de personas que, como ella, son originarias de Michoacán. Mientras contemplaba una representación de la Danza de los apaches, típica de ese estado del occidente de México, María me abordó con la enorme sonrisa que la caracteriza.

Se presentó con mucha formalidad y enseguida me empezó a platicar de su labor como fundadora y directora de un sitio llamado Huerta del Valle. En medio del bullicio no pude escuchar todo lo que me contó, pero le pedí que me diera su tarjeta para comunicarme con ella.

CAPITULO VII - MARÍA ALONSO

Cuando supe, días después, a qué se dedicaba, quedé maravillada. Huerta del Valle era un jardín comunitario, donde personas de la comunidad latina podían sembrar y cosechar sus propias frutas y verduras orgánicas. Su interés por la comida orgánica había surgido como una medida desesperada para salvar a su hijo. Eso creció hasta convertirse en su misión de vida y en un compromiso con toda una comunidad.

Decidí entonces trasladarme hasta la ciudad de Ontario, en el condado de San Bernardino, California, para conocer de voz de María los beneficios de consumir frutas y verduras orgánicas. Al llegar al lugar percibí una gran tranquilidad y camaradería entre los asistentes al jardín comunitario, en su mayoría hispanos. Bajo un sol implacable y caminando entre sembradíos de maíz, zanahoria, fresas y cebollas, María comenzó a contarme sobre su niñez en Vista Hermosa de Negrete, un pequeño pueblo de Michoacán.

"Mi niñez fue de mucha pobreza, pero con mucho amor, con mucha unidad. Somos una familia de 18 miembros, yo soy la número nueve, la primera mujer después de ocho varones. Fui muy afortunada porque fui la niña consentida, mis padres me daban todo lo que quería. Mi madre fue un ama de casa y mi padre un agricultor. Él me dio la oportunidad de asistir a estudios secundarios y a la escuela de enfermería. Estuve un buen tiempo trabajando dentro de los hospitales privados de La Barca, Jalisco."

Aunque María tenía una vida feliz en México, cuando cumplió 20 años de edad, un hecho inesperado la obligó a tomar la drástica decisión de migrar hacia Estados Unidos.

"Yo fui madre soltera en 1987 y de donde yo soy, es como dice el dicho: pueblo chico, infierno grande. Y cuando yo llego a mi pueblo como madre soltera, todo mundo lo veía mal. Mi padre me decía que yo no era digna de salir, que no era digna de tomar mi propia vida porque ya era madre soltera, y tenía que estar dentro de casa y prácticamente sola en cuatro paredes. Eso no era vida ni para mí ni para mi hija, de manera que decidí pedir ayuda con mis hermanos y llegar a este país."

CAPITULO VII - MARÍA ALONSO

Con el dolor de tener que dejar su patria y sentir el rechazo de su propio padre, María decidió arriesgarse y cruzar la frontera hacia Estados Unidos sin su hija, pues no quiso exponerla en ese momento. Llegó sola a Los Ángeles, una tierra desconocida para ella.

"Llegué a este país como casi todas las personas, como indocumentada. Porque a pesar de que tenía la facilidad de hacer el trámite, no lo hice por la desesperación de salir. Recuerdo que esa misma noche, cuando llegué con mi hermano, me recibió en un garaje donde dormían catorce personas. Y al tiempo que llega la noche, todos a quitarse zapatos y luego a dormir, y olía a pies, a gases, a todo. No pude dormir en toda la noche y al día siguiente le dije a mi hermano: 'lo siento, pero yo voy a buscar un trabajo ya sea cuidando niños o como sea, porque yo una noche más no me quedo aquí'. Y al día siguiente me di a la tarea de buscar dónde poder trabajar y quedarme a dormir porque en ese lugar yo no podía estar ni un día más."

María tuvo suerte y conoció a una mujer que le ofreció trabajo. Al paso del tiempo y con la convivencia entre ambas, descubrió una asombrosa casualidad.

"Me di cuenta que éramos familia. Esa señora buscaba quién le cuidara a su niña y yo le digo: 'yo estoy dispuesta, pero no a entrar y salir, sino que me des permiso de quedarme'. Y sí, me brindó su casa. Y después de un tiempo vinieron a visitarla sus padres, y ella les decía que yo era de Michoacán. Entonces ellos me preguntaron: '¿de qué parte?' Y yo les dije: 'de Vista Hermosa'. Cuando les dije que yo era de la familia Vázquez, ellos se quedaron sorprendidos y me preguntaron: '¿entonces eres hija de Enrique Vázquez? ¿Conoces a Jesús Vázquez?' Le digo: 'sí, pero sólo por fotos'. Y me dijo: 'ah, mira qué chiquito es el mundo, porque Jesús es mi papá.' Me quedé muy sorprendida, porque la persona me estaba tratando bien, yo cuidaba a la niña, me daba comida, ahí dormía, todo como si fuese mi casa. Ellos iban a trabajar y yo solamente me quedaba con la niña, entonces esa para mí era como mi casa. Y me sentía muy a gusto, pero después de que supimos que somos familia, pues mucho mejor, porque ya nos identificamos,

convivimos más. Los papás de la señora vinieron a visitarla y trajeron a mi tío porque ya estaba muy viejito y fue algo muy bonito, porque en mi vida me hubiera imaginado conocer al tío Jesús. Era el mayor de todos mis tíos y aquí lo vine a conocer."

En 1991, María se casó y tuvo un hijo con su nueva pareja, quien le dio ánimos para traer a su primera hija a vivir con ella en Estados Unidos, pues se había quedado en México desde que su mamá emigró para buscar una mejor calidad de vida.

"Gracias a él yo pude cuidarla, llevarla a la escuela y estar más con la niña. Yo dependía económicamente de mi esposo, pero como ahora la niña era una responsabilidad sólo mía, pues me vi en la necesidad de trabajar para darle lo que ella necesitaba."

María consiguió trabajo en una empresa de casas móviles y después en una fábrica de plásticos. En ese entonces Pablo, el hijo menor de María, empezó a comportarse de manera extraña, pero ella no lograba detectar qué le pasaba.

"Mi hija ya era una joven adulta y mi hijo necesitaba de atención porque estaba muy mal en la escuela, tenía muchos problemas. Entonces empecé yo a enrolarme más en la escuela y me daba cuenta que mi niño desde bebé era totalmente diferente a los otros niños. Era muy hiperactivo, casi no dormía, él era mucho de andar investigando, pero no lo veía enfocado en nada. Yo no sabía detectar cuál era el problema, entonces le pregunté a la doctora y ella me decía: 'es que es niño, tú estás acostumbrada a lidiar con las niñas, y los niños varones son totalmente diferentes'. Pero el niño empezó a crecer, a ir a la escuela, a presentar problemas de comportamiento y no estaba enfocado a la escuela. Pedí ayuda a las autoridades de la escuela, pero siempre su respuesta era: 'es que es varón y los niños así es como crecen, dándose de topes y cortándose y cayéndose'."

El 9 de junio de 2010, la situación llegó a su límite. Pablo, quien llevaba mucho tiempo siendo víctima de bullying, tuvo un comportamiento sumamente preocupante dentro de su salón de clases.

"Ese día, tanta era su frustración, que se levantó y dijo: 'ya estoy cansado, yo voy a traer una pistola y los voy a matar a todos'. Y me hablaron para que fuera a la escuela y la verdad sí me molesté, porque le dije a la maestra: 'si estas palabras las dijera cualquier niño, ya estaría la policía buscando armas en mi casa o indagando cómo le hablo a mi hijo. Pero ustedes tienen bastantes fechas y datos de que yo les estoy pidiendo a gritos que me ayuden con mi hijo y nadie me hace caso'."

Fue tan alarmante la reacción de Pablo y la indignación de María, que finalmente las autoridades escolares la canalizaron con un pediatra y con un psicólogo. La noticia que recibió de los especialistas fue devastadora para María.

"Me lo diagnosticaron con el problema de ADHD [(Attention-deficit/ hyperactivity disorder, o Trastorno por déficit de atención con hiperactividad] y el doctor dijo: 'señora María, de emergencia el niño necesita medicamento'. Y le dije: '¿sabe qué? No estoy de acuerdo, porque yo ya soy de cierta edad y no tomo ninguna pastilla, ¿Por qué él a la edad de diez años va a empezar a tomar una pastilla? Si ustedes pudieron haber hecho algo antes, desde que les dije que estaba preocupada. Y ahorita ya nada más me dicen que la solución es una pastilla y ya'."

María se negó a medicar a su hijo y exigió otra solución para el problema de salud que ahora enfrentaba. Entonces el médico le hizo una sugerencia que daría pie a lo que terminó por convertirse en su más grande motivación y dedicación.

"Me dijo: 'la otra opción es que consuma comida orgánica'. Y le dije: 'pues prefiero la comida orgánica, no me gusta que tome pastillas'. Recuerdo muy bien que el doctor hizo una sonrisa muy irónica a la que no le di importancia, pero se me quedó grabada. Llegué a la casa y le

dije a mi hija que me investigara qué era la comida orgánica, porque no lo entendía muy bien, y me dijo: 'mami, es la comida que tú siembras y cultivas sin químicos y sin pesticidas'."

María fue a buscar la comida orgánica a distintos supermercados alrededor de su casa, pero se sorprendió de sus altos precios.

"Dije: dios mío, ahora entiendo la sonrisa del doctor como diciendo: 'ay, señora, si usted me está pagando con Medical [el seguro médico que ofrece el gobierno de California para personas de bajos recursos, sin importar su estado migratorio], ¿cómo va a pagar la comida orgánica?' Y pues ya me vine pensando cómo iba a resolver eso, porque, aunque mi esposo y yo trabajábamos, no nos alcanzaba para la comida. Por lo pronto, me traje para unos días hacerle de comer a mi hijo, solamente a él, porque no podíamos darnos el lujo de comer todos con productos orgánicos. Y mi esposo me apoyó y me dijo: '¿sabes qué? Vamos a hacer intento para que todo este mes le demos su comidita orgánica al niño y después con el tiempo posiblemente podamos ver si agarramos otro trabajo para poder lograrlo'."

Mientras María encontraba la manera de alimentar a su hijo con comida orgánica, una nueva casualidad se presentó en su vida, que luego se convirtió en una causalidad.

"Yo soy promotora de práctica en español para los colegios Claremont. Desde 2003, los chicos vienen a mi casa a practicar español. En el 2011, algunos de esos chicos me contaron que estaban haciendo su tesis en jardines comunitarios. Cuando me platicaron de qué se trataba, dije: 'wow, ¡en este tren me monto!', esto va como anillo al dedo para mí, para la necesidad de mi hijo. Y empezamos a pedir ayuda. Y para eso, el distrito escolar nos prestó dos camas individuales y empezamos a implementar el proyecto."

La idea de sembrar y cosechar su propia comida orgánica ya no era un sueño inalcanzable para María. Una nueva ventana de oportunidad se había abierto para lograr la cura de su hijo y estaba dispuesta a aprovecharla. Así empezó su propio jardín comunitario, Huerta del Valle.

"Empezó solamente con los estudiantes y conmigo, pidiendo ayuda a una organización sin fines de lucro, llamada First Star, que estaba dentro de una zona escolar y era parte del distrito escolar. Ahí empezamos con nuestra familia. Después, todos los días empezamos a invitar a los vecinos, les decíamos 'vengan a conocer el jardín, vengan a ver qué bonito está', y así empezamos a crecer. Cada vez más gente empezaba a involucrarse. Pero cuando ya llevaba más de diez personas, la persona encargada del distrito escolar nos empezó a decir que ahí había reglas, que ahí había políticas y el área estaba teniendo problemas de estética porque estábamos haciendo la composta."

María y la comunidad que ya formaba parte del jardín comunitario se vieron en la necesidad de abandonar ese sitio y buscar otro donde pudieran continuar su proyecto. Cuando parecía que el sueño se había terminado, algo inesperado sucedió.

"La Ciudad de Ontario obtuvo una beca de Kaiser Permanente [una empresa de servicios de salud] de un millón de dólares, llamada Health Zone [zona saludable], enfocada en comida saludable y vida activa. La ciudad de Ontario nos facilitó un espacio vacío de 4 acres. Y algo bien importante es que teníamos acceso al baño de aquí del parque, porque cuando iniciamos en la escuela, no teníamos acceso al baño. Otra cosa que le vi ventaja es que muchos padres de familia traen a sus niños a hacer deportes como futbol o béisbol y ellos están ahí sentados, esperando que sus niños terminen del juego. Y como estrategia, me pareció buena idea que yo podía ir con los papás, hablar con ellos, mostrarles el jardín y animarlos a que formaran parte de nuestra comunidad."

Al tener un apoyo económico tan importante, María tenía que cumplir con algunas metas que le propusieron sus patrocinadores. Al principio pensó que sería muy difícil, pero la respuesta de la gente le devolvió la esperanza.

"Una de ellas era tener 25 familias en el transcurso de un año. Y gracias a Dios, en menos del año ya tenía 60 familias, que han permanecido. Unas se van, otras llegan, pero todos los espacios siempre están ocupados y siempre tengo una lista de espera. O sea, un éxito tremendo. Y junto con el jardín comunitario se han desarrollado diferentes programas, como por ejemplo el área intensiva, que tiene la finalidad de que, si alguien no tiene tiempo de venir a sembrar o a cosechar sus frutas y verduras, puede apoyarnos comprando nuestros productos. Un dólar por libra, todo mundo puede comprar sus productos orgánicos en Huerta del Valle.

Una vez que arrancó el proyecto, todas las energías de María estaban concentradas en hacer crecer el jardín comunitario. Pero su objetivo principal, que era mejorar la salud de su hijo Pablo, era el motor para seguir adelante.

"Como mamá, desde mucho antes del mes yo ya había visto su evolución. No quise decir nada hasta ver la reacción de los maestros, que en un mes me empezaron a llamar para felicitarme. Y yo les dije: '¿por qué me felicitan?' Y me dijeron: 'porque vemos que ya le está dando el medicamento a Pablo'. Y yo les contesté: 'No, no le estoy dando ningún medicamento, simplemente le cambié la alimentación convencional a la comida orgánica'. Entonces sí, en el transcurso de un mes pude notar el cambio. Y lo más satisfactorio para mí es que él a su edad ya puede identificar la comida chatarra de la comida saludable. Porque es muy notorio que cuando empieza a comer comida chatarra, él empieza a ser muy negativo, empieza a molestarse por todo. En cambio, cuando consume la comida que yo le dejo, que yo le preparo, él está muy tranquilo, muy estable, él empieza a estar mejor en sus calificaciones. Yo sé que hay personas que dicen 'es que no todos nacen para estudiar', y lo entiendo, pero cuando ves el potencial, hay que saberlo canalizar y saberlo guiar a donde va. Y él tiene el potencial."

Las preocupaciones de María no sólo giraban en torno a la salud de su hijo, sino también a la de su esposo, quien vive con diabetes. Para él, la comida orgánica también ha hecho una diferencia.

"No te voy a decir que ya se le quitó la diabetes, pero sí ha estado estable, ha bajado sus dosis de medicamentos, gracias a dios. Él no quería nada alternativo, sólo lo que le mandaba el médico. Y yo lo respeté y no lo presioné, porque como todo adulto, cada quién es responsable. Pero poco a poco, escuchando entre tanta gente aquí que se empezaba a sentir mejor con la comida, él solito fue y se empezó a tomar su té de moringa y un día llegó y me dijo: 'qué crees, ya me bajaron la dosis', y le dije: 'ah qué bueno, felicidades', y me dijo: 'sobre todo, lo más importante es que me siento bien'. Entonces ha tenido un buen cambio, muy positivo."

Comer alimentos orgánicos también le ha dejado grandes beneficios a María, como me contó, soltando una contagiosa carcajada.

"Yo estoy gorda, pero antes estaba más gordita. Y otra cosa es que me gusta mucho la comida, me encanta la comida. Porque yo digo: 'mientras me sienta bien, me sienta sana, pues yo voy a comer'. Porque mañana o pasado tal vez ya no pueda comer. ¿Que sí estoy haciendo cambios?, sí los hago. Porque no voy a comerme ahorita un jitomate de la tienda, ya me lo como de huerta; o una guayaba, me la como de huerta, que es orgánica. Pero que digas: ah, me voy a dejar de comer unas tortillas recién hechas, ¡para nada!, ¡yo me las como!"

Aunque el proyecto Huerta del Valle ha cambiado positivamente la vida de María, hay obstáculos que debe de enfrentar todos los días. Tratar de adaptarse a este tipo de vida, con sus limitaciones, ha sido difícil.

"Una de las cosas que para mí ha sido muy difícil es sentirme discriminada, sentirme rechazada por no tener la capacidad del idioma o de la tecnología. Pero al caminar con este proyecto, me he sentido a mí misma y me he aprendido a mí misma; si me pisotean o si me hacen

sentir menos o me hacen sentir más, eso lo decido yo."

Cuando le pregunté a María qué hacía para tratar de superar esos obstáculos y no sentirse, como ella dijo, "pisoteada", me dio una respuesta que habla de su generosidad y su manera sabia de ver la vida.

"Una de las cosas que tengo que hacer, si yo quiero florecer es delegar en las demás personas lo que yo he aprendido, y yo lo dejo libre a que todos aprendamos. Que yo aprenda de ellos y ellos de mí. Y delegar para mí es una de mis virtudes: si no delego, es como si María no existiera. Si todos tenemos nuestro rol, si todos podemos hacer diferentes actividades dentro de nuestro proyecto, para mí, mejor. No tiene que ser la entrevista de María Alonso, sino de cualquiera de nosotros: al final es Huerta del Valle, es el proyecto de todos lo que importa."

María me aseguró que lucha todos los días por aprender inglés y para manejar la tecnología. Y aunque no se siente totalmente preparada, asegura que su esfuerzo diario ya ha empezado a dar frutos y me contó, entre risas, cómo ha sido su evolución.

"Mis primeros días en el proyecto, yo llegaba y en lugar de decir hi decía bye, y cuando decía bye decía hi, pero bueno, poco a poco. Ahora ya les doy la bienvenida y les puedo dar un tour en inglés y bueno, mínimo ya escucho cuando están hablando mal de mí."

Ser mujer también ha significado un obstáculo para María, incluso dentro de la comunidad latina que vive en esta zona de California.

"Hay muchos participantes aquí que no aceptaban al inicio que yo fuera la líder del proyecto y les dijera lo que se tenía que hacer. Para ellos tenía que venir el mando de un hombre, simplemente por ser mujer no lo aceptaban.

"No creía que fuera así la situación, pero comprobé que sí, que para

ellos no tenemos el mismo valor. Pero resulta que sí, que tenemos el mismo valor y las mismas habilidades y con la pena, pero soy la fundadora de este proyecto."

María asegura que las enseñanzas que le ha dejado Huerta del Valle son enormes, pues no sólo aplica sus propios conocimientos, sino que cada familia que llega deja un poco de su historia y de su lugar de origen.

"En este espacio tenemos la fresa, podemos ver que tenemos nopales también. Aquí nuestra comunidad es 95% de hispanos, de mexicanos, y la mayoría consumimos mucho el nopal. Así que por todos lados lo vas a ver. Por ejemplo, para mí es algo nuevo la jamaica, alguien la trajo y nos contó que la trajo de Colima. En mi vida yo había visto la jamaica crecer. Cuando esto se convierte en una flor hermosa, cada una de ellas brota y esto se ve lindísimo. Esto es algo que voy aprendiendo, al mismo tiempo que yo enseño, en este caso, yo aprendí sobre la jamaica; cómo se planta, cómo crece y cómo se reproduce, que es algo maravilloso."

El día de mi visita entrevisté a varias de las familias que integran Huerta del Valle; me compartieron lo felices que se sentían de poder cosechar sus propios tomates, cilantro, maíz y demás. Una señora me dijo que, por 30 dólares al año, cuenta con las semillas y el agua para ir a sembrar su propia comida, y es algo que está enseñando con mucho orgullo a sus hijos.

Ese día también tuve la oportunidad de probar algunos de los alimentos que se cosechan ahí, pues en la parte trasera del jardín hay una cocina donde la misma comunidad prepara platillos para todo el que quiera comer. A mi compañero camarógrafo y a mí nos tocó un menú espectacular, que consistía en calabacitas guisadas con tomate, arroz con frijolitos y tortillas hechas a mano, todo esto acompañado de una deliciosa agua fresca de guayaba.

CAPITULO VII - MARÍA ALONSO

La historia de María Alonso siempre resuena en mi cabeza. Tanto, que tiempo después la invité a la presentación del libro Aportaciones a los estudios migratorios desde diferentes enfoques, disciplinas y campos de conocimiento, editado por la Universidad Michoacana de San Nicolás de Hidalgo, y en el que participé escribiendo el capítulo: "El despertar del sueño americano", donde cuento historias de migrantes retornados a México.

Generosamente, María acudió a la presentación para contar su historia como inmigrante mexicana, como emprendedora y líder de una comunidad para la que es ejemplo y motivación a través de la siembra y cosecha de productos naturales.

Al hablar con María me sorprendió su claridad de palabra y de mente, así como su contagiosa risa. Además tiene un gran sentido del humor, señal de su inteligencia y ligereza de carácter, que la han convertido en un ejemplo a seguir.

Su compromiso con la construcción de jardines comunitarios no se ha detenido. Ha logrado inaugurar dos huertas más, en Jurupa Valley y en la ciudad de Riverside, mientras que otros cuatro jardines ya están en construcción, para ayudar a más familias latinas en California a hacer conciencia sobre su salud y a alimentarse de manera saludable.

María está entre mis candidatas cada vez que me preguntan por un ejemplo de éxito, pues su objetivo es honesto. Empezó con la necesidad de sanar a su hijo y hoy ha logrado sanar a muchas personas más. De ahí, tomo un poquito para sanarme también a mí y recordar que nunca debo dejar de luchar por lo que realmente me motiva.

LORENA RANGEL
Convirtió las fiestas de XV años en su millonario éxito

La primera vez que vi a Lorena Rangel fue en uno de sus salones de fiestas. Yo estaba acompañando a unos amigos que la conocen y trabajan con ella. Ella se sentó en nuestra mesa y, después de un rato, comenzó a platicar cómo se había convertido en la "Reina de las Quinceañeras" en el sur de Los Ángeles.

En aquella ocasión escuché piezas sueltas de una historia de superación increíble. En las semanas siguientes conocería más de ella y de la manera en que la pobreza extrema en la que vivió en México la impulsó a volverse una empresaria exitosa y a ayudar a jovencitas que le recuerdan a sí misma cuando tenía quince años.

Lorena es un personaje sumamente especial, es muy querida y conocida en el sur de California. Su muy particular manera de arreglarse la distingue de cualquier otra latina exitosa, y el día de la

CAPITULO VIII - LORENA RANGEL

entrevista, no podía ser la excepción. Llegó perfectamente maquillada, peinada como siempre con su larga cabellera rubia platinada y vestida elegante pero sexy, como es su sello personal. Cuando estuvimos frente a la cámara me dijo que se sentía nerviosa, pero tiene un gran don de la palabra y un carisma que se desborda. Así, de manera muy desenvuelta, me platicó dónde nació y cómo fue su niñez.

"Nací en El Grullo, Jalisco, un pueblo cerca de Guadalajara. Casi nadie conoce ese pueblito. Éramos siete hermanos, cinco mujeres y dos hombres. Vivíamos en una casa donde nada más había dos cuartos, ¿te imaginas? Fue una etapa muy difícil, pero a la vez muy hermosa, porque éramos muy pobres, pero mi madre nos dio mucho amor en esa casa."

Cuando Lorena tenía nueve años, su padre murió y su madre tomó la decisión de emigrar a Estados Unidos para darle una mejor vida a sus hijos. Conmovida, Lorena recordó aquel día.

"No teníamos económicamente cómo vivir y por esa razón cruzamos la línea. Creo que el horror más grande que pasé en la vida fue cuando me pasaron con un señor ya adulto, como si fuera su hija. Y una niña, ¿te imaginas?, de nueve años, con una persona que no conoces y que te dice: 'tu mamá viene atrás de ti'. Y sin saber si mi mamá venía realmente atrás de mí o si yo iba a ser olvidada por ella. Yo sabía que no, porque era su hija, pero ¿qué tal si me robaban o cualquier cosa? De pronto me dio pánico porque ya cuando pasamos quería ir al baño y creo que faltaban como dos horas para llegar a donde íbamos a llegar y ya no aguantaba. O me hacía pipí en el coche o le decía al señor que nos teníamos que parar. Y pues le dije y me acuerdo que paramos como en un bosque, no había casas por el cerro donde me venía cruzando, y con un temor de que algo me sucediera con ese señor."

Fue un día de emociones encontradas. Pero también, el momento inolvidable en el que la vida de Lorena cambiaba para siempre.

"Fue bastante doloroso ese día para mí, siempre lo voy a recordar. Pero

al final no pasó nada, gracias a Dios. Llegamos a nuestro destino y al final, cuando vi a mi mamá sentí que volví a nacer y corrí a abrazarla y a sentirla. Fue lo más hermoso."

Lorena y su mamá llegaron a Los Ángeles directamente a trabajar, gracias a un contacto que había conseguido en México. La ilusión del sueño americano se empezaba a cumplir. Sin embargo, el camino sería difícil y un tanto decepcionante para Lorena, quien, a pesar de las dificultades, nunca dejó de soñar.

"Llegamos a una casa de un señor que era casado y que tenía dos niñas. Pero se divorció y él quería una nanny (niñera), que al final del día es como ser criada. Esa etapa fue muy difícil al lado de mi madre. Siempre estuvimos juntas, pero creo que la vida me robó mi niñez de cierta manera, porque en lugar de jugar con muñecas, yo estaba haciendo quehacer de casa, limpiar pisos, lavar baños, y me acuerdo que yo siempre le decía a mi mamá: 'mami, un día vas a tener una casa bien bella como esta'. Y ella me decía: 'mija, tú haces castillos en el aire'. Y yo le contestaba: 'soñar no cuesta nada, tú déjame soñar, reza por mí y yo voy a hacer todo lo demás'. Porque yo siempre me visualizaba en las niñas que tenía el dueño de la casa: las mandaba a una escuela privada, con su uniforme, tenían chofer. Y a mí me mandaban en el bus a la escuela para aprender inglés. Pero yo siempre me imaginaba verme como una de esas niñas."

En esa época, ella y su mamá ganaban 73 dólares al mes, muy poco para sobrevivir. Y cuando Lorena cumplió 15 años, decidieron irse de aquella casa donde trabajaban, pues al crecer y volverse señorita, la relación con el que era su patrón comenzó a cambiar y volverse incómoda para ellas.

"Mi mamá optó por decirle que ya era tiempo que nos alejáramos, porque el señor pensaba que yo me iba a quedar toda la vida ahí, que yo iba a crecer e iba a acabar viviendo con él. Fue como un tipo de abuso, pero pues mi mamá se dio cuenta porque yo platiqué con ella y

ella me dijo: '¿sabes qué, mija? Es tiempo de irnos'. Pero fue muy difícil, porque él no nos quería dejar ir, porque decía que no habíamos pagado el coyote que nos cruzó la línea fronteriza. Pero al final, creo que Dios le tocó su corazón, porque nos dejó ir."

Se mudaron a la ciudad de Anaheim, California, donde Lorena estudió un año de high school. Cuando cumplió 18 descubrió su vocación y la manera de hacer sus sueños realidad. La falta de dinero le había robado la ilusión de tener una fiesta de quince años, pero eso se convirtió en el impulso que moldearía su futuro.

"Siempre soñé con tener una quinceañera y nunca la tuve. Lo que yo quería hacer eran eventos para otras niñas y tener muchos salones de fiestas. Y ahí fue donde emprendí mi propio negocio. Al principio trabajé en un gimnasio y ahí al lado había un bufé donde hacían fiestas, pero pequeñas. El dueño de ahí me pidió que me fuera a trabajar con él y me dijo: 'tú puedes traer aquí eventos como de quinceañeras o bodas'. Y empecé yo a tener mi propio negocio. Hice mis flyers, mi propia publicidad para poder llevarle quinceañeras.

"No era mi lugar, pero ahí me inicié. Él me pidió 500 personas a la semana y logré atraer a 2,500 a la semana. Traía nueve eventos a la semana y ahí fue donde dije: 'Dios, gracias porque me estás dando lo que te pedí'. Y de ahí ahorré mi dinero y fui a abrir mi propio salón de fiestas."

Sin educación universitaria ni conocimientos de administración de empresas, Lorena abrió su primer salón de fiestas, guiándose sólo por el instinto y la ilusión de hacer su sueño realidad. Pero en el año 2010, una situación inesperada y dolorosa cambió el rumbo de su proyecto.

"Recuerdo que ese lugar era sumamente exitoso, tenía muchos eventos agendados de quinceañeras. Pero entonces mi madre cayó enferma de cáncer. Dejé de trabajar por un tiempo, me dediqué a cuidarla, hasta que murió. Después de eso, el manager dijo: 'Oiga ¿por qué no usa el

dinero que ha ganado aquí para abrir otro salón?' Y yo le dije: 'no, mejor voy a hacer este salón más grande'. Reinvertí lo que tenía en ese salón y la compañía de seguros me mandó un aviso de que ya se acercaba la fecha para renovar mi póliza. Entonces mi abogado me dijo: 'tú ya necesitas otra aseguradora que te cubra más, porque ya tienes muchos eventos'. Me aconsejó bien, pero nunca me dijo que no dejara que la fecha de la aseguradora se venciera por más de tres días. Así que yo me confié, contraté a otra aseguradora y me pidieron 9 mil dólares para empezar. Era un sábado y yo estaba a punto de irme a Las Vegas, porque el siguiente lunes era feriado. Así que les dije que sí, que les daba el cheque el siguiente martes, cuando regresara de Las Vegas, porque allá estaba mi hijo."

Con esa tranquilidad, Lorena se fue de viaje, sin imaginar lo que estaba a punto de vivir.

"Llegué a mi cuarto en el hotel de Las Vegas y el Departamento de Bomberos me llamó para avisarme: 'tu lugar se ha quemado'. Y yo pensé: bueno, será algo en la cocina, algo pequeño. Y me dijeron: 'su lugar se ha quemado por completo, sólo quedan cenizas'. ¿Te imaginas? Me regresé desesperada y efectivamente, no había quedado nada. Me quedé en ceros. En ese momento pensé que ya no quería vivir, que me quería morir, porque primero tenía el dolor de mi madre, que ya no estaba conmigo, que ella fue mi vida y nunca nos apartamos, y además ya no tenía negocio. Recuerdo que yo no quería comer, mi hijo tenía que alimentarme con avena, porque no quería comer."

Era tal la depresión que atravesaba, que una noche Lorena decidió ingerir un frasco de pastillas para dormir y quitarse la vida. Antes de irse a dormir pensó en el recuerdo de su madre y, con su pensamiento, habló con ella. Le dijo que quería soñar con ella esa noche y que, si no se le aparecía en sueños, prefería no vivir más.

"Me quedé con su rosario y sus rezos y me fui a dormir con el frasco de pastillas que supuestamente yo iba a tomarme, porque yo no quería

vivir. Es que imagínate: me estaban demandando por dos millones de dólares por todo el lugar que se quemó, porque no sólo se quemó mi lugar, se quemó un Salvation Army y se quemó todo el centro comercial. Estaba sin aseguradora, sin dinero y con una demanda, y me decían los policías que si después de la investigación resultaba que yo había provocado el incendio, hasta a la cárcel iba a ir a dar. ¿Pero cómo lo iba a quemar yo, si ni siquiera tenía un seguro que me protegiera?"

Lorena no creyó que su madre se le fuera a aparecer en sueños, pues estaba sumamente triste y desesperada por lo que le estaba ocurriendo. Y cuando cerró los ojos sucedió algo que a ella le sigue pareciendo inexplicable.

"Recuerdo que esa noche, en mis sueños, me elevé a unas nubes muy bonitas y vi a una señora hermosa y le dije: '¿quién eres tú?' Y me dijo: 'soy tu mamá'. Y yo le decía: 'no puede ser, mi mamá estaba viejita y tú estás muy joven'. Y ella me decía: 'sí, soy tu mamá'. O sea que ahora sé que se transformó en otra edad y yo le decía: '¿puedo ver a mi abuelita?' Y ella me decía: 'no, todavía no te toca'. Y la pregunta más tonta que le pude hacer: '¿voy a volver a tener dinero?' Y me respondía: 'muchísimo'."

Entre alegres risas, Lorena me platicó que después de esa experiencia despertó renovada. Sentía una energía muy especial ese día; se bañó, se maquilló y salió a buscar dos locales que estaban cerca del que se había incendiado, para negociar una renta y volver a abrir sus salones de fiestas. Le contó a su hijo Jovan lo que había soñado. Él la miraba extrañado.

"Y me dice mi hijo: 'mami, ¿tienes dinero para negociar?' Y le dije: 'no, pero a partir de hoy todo tiene que cambiar, porque para empezar tú no me dejaste morir, después soñé a tu abuela, y ahora que ya tengo energía, no te queda más que acompañarme a la ciudad a pedir permisos'. Y mi hijo me decía: 'pero mami, ¿cómo te van a dar permisos

si se quemó el lugar?' Y yo le contesté: 'no lo sé, pero para eso te pagué una de las mejores universidades. Usa tu inteligencia, usa tu estudio'. Llegamos a las oficinas de la ciudad, logramos hablar con ellos y me dijeron: 'sí, te damos los permisos, pero ¿dónde está el dinero?' Y pues no teníamos dinero, pero le dije a mi hijo: 'no te preocupes, algo va a suceder'."

Desesperada, mas no desesperanzada, Lorena buscó la manera de obtener el dinero y volver a abrir su negocio. Ya tenía un local para comenzar de nuevo, pero estaba prácticamente en ruinas. Fue cuando recibió una llamada de una jovencita que deseaba una fiesta. Lo que sucedió después es lo que Lorena considera un milagro.

"Me habla una niña, una quinceañera, y me dice: 'Lore, tú le hiciste la fiesta de quince años a mi hermana, ahora quiero que me hagas la fiesta a mí'. Le dije, '¿por qué no vienes a ver el lugar?' Ese lugar donde yo quería volver a levantar mi negocio estaba horrible, había palomas, popó de palomas, era una librería abandonada y la niña me dijo: 'no, pero este lugar está horrible'. Para ese entonces, un arquitecto ya me había hecho los planos de cómo iba a quedar el salón. Los planos, ya sabes que no es más que un pedazo de papel. Pero le dije: 'mira hermosa, así va a quedar. Tú cierra los ojos y visualiza cómo te vas a ver'. La niña, encantada, cerró los ojos. Las dos visualizamos cómo iba a quedar el local. Ella quedó maravillada y le dice a su mamá: 'mamá, aquí lo quiero'. Y le dice la mamá: 'hija, estás mal, ella te hizo cerrar los ojos e imaginar que aquí podías hacer tu fiesta, pero aquí no hay nada'. Volteó conmigo y me dijo: 'perdón, pero esto es un chiquero'. Eso me dolió, pero le dije: 'mire, señora, a lo mejor ahora sí parece un chiquero, pero yo necesito dinero para la construcción. Cuando esté terminado, va a valer 10 mil dólares. Pero si ahorita usted confía en mí, págueme un adelanto de 5 mil y usted va a tener una fiesta para el otro año, para el tiempo que su niña quiere la fiesta'. Y me dijo: 'tengo que pensarlo, ¿cómo crees que yo te voy a dar el dinero así sin nada aquí?'"

CAPITULO VIII - LORENA RANGEL

El panorama era desalentador, pues nadie confiaba en su proyecto. Esa tarde, la quinceañera se fue de ahí junto con su mamá, dejándola en la incertidumbre.

"Pues se fueron y que me pongo yo a llorar y me hinco ahí en medio del lugar, del salón que ahora es mi salón, y le dije a mi madre: '¿sabes qué, mamá? Esto no va a funcionar, no sé por qué me hiciste creer y por qué yo te soñé, pero esto no va a funcionar'. Empecé a llorar y a gritar desesperada ahí. Cuando la señora llegó a su casa, a la media hora me habla y me dice: 'Lore, te voy a llevar el dinero'. Es así como me levanté otra vez de las cenizas, porque esa señora me trajo ese dinero. Así muchas otras a las que les había hecho las quinceañeras a sus hijas, lo mismo, les enseñé los planos y ellas me dejaban el dinero."

Así Lorena comenzó de nuevo, logrando remodelar ese local abandonado. Con el paso del tiempo, tuvo tanto éxito que tuvo dinero suficiente para comprar dos salones de fiestas más en el Condado de Orange, en el sur de California.

"Ahí es donde me di cuenta que Dios me había quitado uno para darme más salones. Que pasé mucha lucha, mucho dolor, sí, pero que realmente todo eso me hizo la persona que soy. Y si tú me preguntaras si lo volvería a pasar, lo volvería a pasar, porque me he dado cuenta de que si no hay dolor en las cosas que tú haces, no las amas. Me ha costado mi sufrimiento y sé que Dios nunca me dejó, que siempre me salvó y mi mamá también, y me lo demostró con que la gente confiara en mí y dando el dinero, simplemente con los planos."

Entre esos tres salones de fiestas hay uno que es muy especial para Lorena: el que fue construido como una réplica de la Casa Blanca, la que está en Washington D.C. Se llama así, The White House, y para ella es un sueño hecho realidad.

"Yo siempre soñé con darle una casa hermosa a mi mamá, algo inolvidable, y siempre yo en mis sueños le pedía yo a ella después que falleció, que quería un salón de eventos hermosísimo y de

quinceañeras, porque ese es mi fuerte. Yo creo que mi mamá desde el cielo me lo mandó, pero obviamente con mi esfuerzo y mi trabajo."

Luego de casi tres décadas dedicada a organizar eventos, Lorena es conocida en el sur de California como La Reina de las Quinceañeras. Y es que, aunque organiza todo tipo de eventos, estas fiestas son su especialidad y tienen un significado muy especial.

"Porque en cada quinceañera que yo hago, haz de cuenta que cumplo mis quince, cumplo un momento mágico con cada niña y me imagino que soy esas niñas. Eso está en mi corazón."

La visión como empresaria de Lorena la ha llevado más allá de simplemente rentar salones para fiestas. Ahora cuenta con su propia empresa de banquetes y de mantelería. Pero su exitoso camino en el mundo de los negocios no ha sido fácil, pues cuando ha querido apoyarse en otras personas para alcanzar sus sueños, ha encontrado obstáculos.

"Para poder crecer tuve que hacerme de socios y de pronto piensas que esos socios son iguales que tú y que tienen tus mismos sueños, pero ellos lo hacen por un propósito nada más: tener el dinero rápido. Pero yo lo hago con pasión, con amor, con devoción, porque me ha costado, me costó mucho."

El hecho de ser mujer, inmigrante y latina ha significado un prejuicio y una lucha constante para Lorena en el mundo de los negocios. Parte de su misión, dice, ha sido romper estereotipos, sobre todo entre los hombres de la comunidad latina.

"Siempre, cuando me ha tocado tener socios yo les digo: no me miren como una mujer, mírenme con pantalones como si fuera un hombre, para que ellos me miren igual. Pero la verdad creo que entre los hombres latinos empresarios hay mucho machismo todavía, no quieren que una mujer les mande, que una mujer les diga: yo soy la líder, yo tengo la última palabra porque yo hice este negocio. Pero si esos

obstáculos que te pone el destino tú ves que no te van a dejar lograr tus objetivos, es mejor alejarte."

Esto lo vivió en carne propia cuando, después de confiar en un inversionista, se dio cuenta de sus verdaderas intenciones y la mentalidad que tenía hacia las mujeres.

"Por ejemplo, una vez, un socio invirtió cierta cantidad en el negocio y él sentía que era el dueño, pero no invirtió la inteligencia, ni el trabajo, ni la sabiduría. Porque tú sabes que, en un negocio, por más que tengas dinero, si no sabes hacer un negocio o emprender ese negocio, ¿de qué te sirve ese dinero? El negocio nunca va a crecer. Tiene que haber dos partes: una con el dinero y la otra con el saber. Y él muchas veces me dijo: 'usted no es nadie aquí, porque yo fui el que puso el dinero'. Entonces yo le dije: '¿y por qué no abrió su negocio propio entonces?' Claro, él vino conmigo porque él no sabía, y de una cantidad pequeña le hice una cantidad grandísima. Desgraciadamente muchos latinos así piensan, no nos ven iguales."

Todas esas experiencias hicieron que Lorena se fortaleciera y emprendiera nuevos proyectos. Apoyada por sus dos hijos, creó su propia fundación, llamada Mis XV Foundation, para ayudar a niñas de escasos recursos o con alguna dificultad física a que tengan una fiesta de quince años a todo lujo y sin desembolsar dinero. En agosto de 2018, Lorena tuvo una experiencia muy especial y triste a la vez, cuando ayudó a una jovencita llamada Julibeth, enferma de leucemia.

"Ella mandó su carta con nosotros, me removió mucho el corazón. Y yo le dije a mi hijo: 'vamos a hacerle su quinceañera, pero lo más hermoso que ella había soñado'. Y se la logramos hacer aquí en la White House. Se la hicimos un viernes y para el martes siguiente ella falleció. Y eso fue algo tan doloroso para nosotros: una niña de quince años, que tenía su vida por delante y que quería vivir. Y eso es lo que más me duele, porque yo siempre le decía: 'siempre vas a estar ahí conmigo, tú eres la que me va a ayudar en la fundación'. Y siento que no es justo, que una

niña de quince años se haya ido al cielo tan pronto. Pero ella soñaba con sus quince y creo que eso se lo dejé a ella en el cielo y ella me lo dejó aquí en la tierra."

La muerte de Julibeth hizo que Lorena se replanteara su misión en esta vida y reforzó su deseo de ayudar a más jovencitas, en memoria de esa que se llevó como último recuerdo antes de morir una fiesta de ensueño, que disfrutó a cada segundo.

"Lo que aprendí de ella es que nada es más importante que tu salud, y que si Dios te ayuda a hacer tu sueño realidad, nunca te olvides de quién eres y de dónde vienes, para poder ayudar a los que están a tu alrededor. Porque Dios me ha dado más y qué bueno que lo tengo, porque si no, no le hubiera podido dar esa fiesta a ella. Todos venimos a este mundo por algo, pero nunca sabemos encontrarlo, porque siempre queremos que la persona a la que ayudemos nos dé algo de regreso y así no es. Fíjate que el 70% de las personas no saben a qué vienen a este mundo, pero el resto sí lo descubrimos."

Sin duda, Lorena es parte de ese 30% que ha descubierto su misión en la vida, y en su mente siempre tiene el deseo de ayudar a todo aquel que lo necesite. Con una espiritualidad muy profunda, Lorena resumió lo que significa para ella la felicidad.

"Lo que me hace feliz es levantarme cada mañana y decir: un día más de vida. La vida es gratis. Porque Dios no te cobra por el momento, ni por el día. Si nos cobrara, ya Dios sería millonario y nosotros bien pobres."

Conocer a Lorena Rangel me ha dejado, además de grandes enseñanzas, un recordatorio constante de que la perseverancia y la buena actitud siempre darán resultados exitosos.

En mayo de 2019 tuve la oportunidad de trabajar con ella en una serie de reportajes para Univision 34, llamada La ilusión de una quinceañera. Gracias al enorme corazón de Lorena pudimos hacer realidad el sueño de tres jovencitas, Marisa, Kyle y Lydia, de tener una gran fiesta de quince años.

Cada una de estas chicas tiene una historia particular, de dolor, de discapacidad y falta de recursos económicos. Así que decidimos entrevistarlas sobre cómo imaginaban una fiesta a todo lujo, y luego Lorena llegó para darles la sorpresa de que verían ese sueño hecho realidad.

La experiencia fue muy emocionante para mí, y sin duda estas tres jóvenes y sus familias estarán siempre agradecidas con el esfuerzo conjunto de miles de personas que donaron desde limosinas hasta vestidos, flores y banquete para tener una noche muy especial en el salón de fiestas The White House.

Posteriormente, Lorena inauguró otro salón de fiestas, ubicado en la Plaza México de Los Ángeles, y otro más en el corazón del condado de Orange. Además pensaba incursionar en nuevos negocios relacionados con la comida y las tradiciones mexicanas.

Platicar con Lorena siempre es una inyección de energía y pensamientos positivos. Conocerla me ha enseñado que la fe mueve montañas y que no existen los obstáculos para alcanzar el éxito. Su historia es un ejemplo para la gente que la rodea, y su gran sueño de dejar un legado a las nuevas generaciones se cumple día a día, con su empeño por el trabajo y su infinito deseo de ayudar.

CAPITULO IX

CAMILA CANABAL
La venezolana que enfrentó a Hugo Chávez en televisión

Escuché por primera vez el nombre de Camila Canabal en el año 2017. Yo tenía sólo un año de haber llegado a Los Ángeles cuando fui invitada por mi amiga Ana Flores a su exitosa convención We All Grow Latina Summit, que se llevó a cabo en un lujoso hotel de Long Beach. Yo iba con muchas ganas de conocer a la comunidad de latinas emprendedoras de Los Ángeles, pero también atenta para encontrar historias interesantes para Latinas de Éxito.

De entre las muchas y estupendas conferencias del evento, recuerdo vivamente el momento en que apareció Camila Canabal en el escenario del auditorio, con la fuerza de huracán que la caracteriza, hablando inglés con un marcado acento latino. Me llamó la atención su impresionante belleza física, pero sobre todo su honestidad al hablar y su conmovedora historia de vida.

CAPITULO IX - CAMILA CANABAL

Al final de la conferencia me acerqué a saludarla, quería tenerla en mi segmento de televisión a como diera lugar. Pero había un detalle que dificultaba mi misión: ella había viajado desde Miami para el evento y se regresaba al día siguiente, de modo que no había tiempo de hacer la entrevista. Así que tomé sus datos y comencé a seguirla en redes sociales. Fue cuando supe que por años había sido una famosísima presentadora de televisión en Venezuela y que, con la llegada de Hugo Chávez al poder, su destino había cambiado y había acabado convirtiéndose en una exitosa empresaria y youtuber en Estados Unidos.

Después de años, logré contactar de nuevo a Camila y entrevistarla para contar su historia en este libro. La pandemia y la geografía nos separaron, pero la tecnología nos unió y, por fin, pude tenerla de frente, a través de una pantalla, para enterarme de la historia completa de Camila Soledad Canabal Sapelli, quien nació en Montevideo, Uruguay, pero sólo estuvo ahí los primeros dos meses de su vida.

"Mis padres se tuvieron que ir, huyendo de la dictadura, porque eran estudiantes que estaban en contra. Estamos hablando del año 1976, yo nací en el 75 pero eso fue en el 76, dos meses después de nacer. Ellos salen de Uruguay vía Perú y luego llegan a Venezuela, que era un país que en ese momento recibía muy bien a los inmigrantes. Varios primos de mis padres habían ido para allá y ahí comenzamos, mis papás llegaron con cien dólares a Venezuela, y tengo fotos muy bonitas y divertidas de Camilita metida en una maleta, porque mi mamá cuando llegó a Caracas no tenía dinero para comprar una cuna, y había acondicionado una maleta muy hermosa, con un colchoncito, y ahí dormía yo."

Los padres de Camila no llegaban a los 30 años de edad. Ambos eran estudiantes de Medicina y tuvieron que enfrentar duros retos al huir de su país natal. Además, tenían la enorme responsabilidad de proteger y sacar adelante a su pequeña hija.

CAPITULO IX - CAMILA CANABAL

"Mi mamá empezó a trabajar en un lugar vendiendo cocinas para que mi papá estudiara Medicina. Cuando mi papá se graduó de médico, mi mamá empezó a estudiar Medicina. Cuando mi mamá se gradúa de médico general, mi papá ya trabajando como médico, le paga los estudios de cardiología a mi papá para que sea él especialista, y cuando termina mi papá su especialización en cardiología, hace mi mamá lo mismo. Y en ese ir y venir de estudios, de sacrificio, de mucho trabajo, de mucha garra, de mucho esfuerzo, nacieron mis dos hermanos, Francisco y Valentina. Yo fui criándome con mucho sacrificio, pero con muchísimo amor y viendo una historia hermosa de trabajo, de dedicación, de amor por el servicio."

Camila recordó haber estado presente en la graduación tanto de su mamá como de su papá, pues ya era una adolescente de 16 años cuando pudo celebrar los logros de ambos y verlos realizarse profesionalmente. Ella ve a sus padres como un ejemplo de tenacidad, pues al mismo tiempo que estudiaban, estaban criando a sus tres hijos. Por eso su infancia transcurrió de forma austera.

"Tuve una infancia sin lujos, sin vacaciones, así como las que tienen mis hijas hoy super bonitas y sofisticadas a la nieve. Yo no tuve nada de eso, no tuve ningún tipo de vacación, de hecho. Mi vacación era en la cuadra de donde yo vivía en Barquisimeto, en Venezuela, con todos mis amiguitos correteando en la calle y muy feliz. Nunca me hizo falta ir a un campamento de verano (que hoy en día los conozco porque llevo a mis hijas), nunca me hizo falta ir a la nieve a esquiar, nunca me hizo falta ni siquiera conocer Disney World.

"No lo conocí sino hasta mis 23 años. Y a mí me emociona mucho decir eso, el hecho de que nunca me haya hecho falta esa vida. Mis papás hicieron un esfuerzo enorme para que yo estudiara en el mejor colegio de Barquisimeto, en donde todas mis amigas sí tenían esos lujos y sí iban, pero para mí nunca fue un problema no ir, porque en mi casa cuando había alguito de dinero ahorrado era para ir a Montevideo a visitar a mis abuelos. En esa realidad yo nunca tuve ningún tipo de

CAPITULO IX - CAMILA CANABAL

carencia, y creo que eso fue porque mis papás se encargaron de darnos exceso de lo único que en exceso no hace daño, que es el amor."

Cuando Camila habla del amor y de la felicidad en su infancia, un gran porcentaje corresponde a lo que vivió con su hermana menor, Valentina, "lo más bello que le ha ocurrido", después de sus hijas. Fueron compañeras de batallas y compañeras de habitación por dieciséis años. Camila recuerda perfectamente el día que Valentina nació.

"Fue en la clínica Razetti, en Barquisimeto, y yo la fui a visitar de la mano de mi abuela, que me llevó. Tengo vívido en mi memoria el momento de mis pasitos caminando por aquel pasillo largo, muy iluminado y luego entrar y ver a mi mamá en la cama y a mi mamá yo ni le hice caso, fui directo a la cunita a ver a aquella niña. Mi hermana era la niña más bella que yo he visto en mi vida; era una niña que convocaba todas las miradas, era hermosísima, su cara, su cabello, sus ojos del color del cielo, súper brillantes. Fue la niña más linda que yo he visto en mi vida y yo recuerdo ese momento, yo tenía siete años."

Pero dieciocho años después de ese día, la vida de Camila se detuvo cuando una llamada telefónica le trajo la tristeza más grande que ha sentido su corazón. Ella tenía 25 años de edad y por trabajo se había ido a vivir a Caracas, la capital de Venezuela.

"Me llamaron para decirme que mi hermana se había desmayado y tenía que irme a Barquisimeto. Y aunque a mí me pareció loco y exagerado, muy nerviosa me llegué al aeropuerto de Maiquetía y no había vuelos. Yo recuerdo que ese día estaba desesperada, corría por el aeropuerto como una loca con mi esposo atrás, hasta que conseguí un pasaje. Todavía no entendía qué era lo que estaba pasando, pero entendía que era grave, y en un momento llamé a mi papá, que es médico y le dije: 'Papi, pero ¿qué pasa? ¿No pueden salvarla?', y su respuesta nunca la voy a olvidar en mi vida, sólo me dijo: 'Yo creo que no.'

CAPITULO IX - CAMILA CANABAL

"Yo me tiré al piso, me derrumbé, no sé cuánto tiempo estuve en el piso en el aeropuerto, ¿sabes?, porque era mi chiquita. Yo nunca he contado esto así con tanto lujo de detalles porque nunca me he dejado preguntar, pero así fue. Luego fui a una tienda, compré un José Gregorio Hernández, que es un santo venezolano que queremos mucho, beatificado en 2021."

Con la voz entrecortada y lágrimas que Camila no pudo evitar al recordar a su hermana Valentina, me contó que durante todo el vuelo de Caracas a Barquisimeto, en medio del llanto y desesperación que le habían provocado las palabras de su padre, no dejó de rezar, rogando por un milagro. Pero cuando logró llegar al hospital donde estaba su familia, se enteró de la peor noticia de su vida: Valentina había muerto.

"Me bajé como a dos cuadras, porque había demasiado tráfico, y corrí. Fue una escena muy triste, nunca la había repasado así con nadie. Corrí, corrí y cuando estoy llegando a la clínica estaba llena de gente afuera y yo solamente vi la cara de mi cuñada, y ella me agitó la mano, y nadie me tuvo que decir nada, ya yo sabía. Y allí bueno, imagínate. Ahí se murió una parte de mí, me morí ese día, fue muy duro de verdad."

La causa de la muerte de Valentina fue una trombosis pulmonar, una afección en la que una o más arterias en los pulmones quedan obstruidas por un coágulo sanguíneo. Esto fue descubierto tras la autopsia que le practicaron y, según Camila, fue una sorpresa para toda la familia, pues ni siquiera sospechaban que su hermana padeciera una condición médica tan grave. Para sus padres fue un episodio devastador. Y para ella, fue un día que la obligó a reinventarse para seguir adelante.

"Cuando te impacta el dolor de la forma tan desgarradora como me impacto a mí, ya no eres la misma persona. Ya la Camila de antes se fue y hay dos caminos: uno es derrumbarte en el piso, como me pasó, y quedarte ahí para siempre. La otra, que fui entendiendo con el paso del

tiempo, es decir bueno, déjame llorar. Fíjate que han pasado más de veinte años y yo sigo llorando, porque es un dolor que revivo siempre con la misma intensidad. Porque de alguna forma una parte de mi murió, murió esa Camila que era feliz, porque la felicidad ya más nunca estuvo completa. Y lo que a mí me paso es que he vivido el dolor de forma tan ruda, tan cruda y en carne viva, que a la vez ahora busco ser feliz. Es como un mecanismo de defensa, uno no quiere sufrir tanto, quiere salir a la luz, quiere respirar y volver a reír."

Según me contó, Camila ha logrado volver a reír y a ser feliz tras largas sesiones de terapia psicológica, de práctica de yoga, de meditación, y gracias al amor de su familia. En gran parte, también la mantuvo inspirada para seguir viviendo y ser una guía para miles de personas la pasión por su vocación. Esta era trabajar en los medios de comunicación, y no se trataba precisamente de la que su familia y vecinos auguraban.

"Nosotros vivíamos en la calle jugando, esas eran mis vacaciones hasta las 11 de la noche, 12 de la noche y un día la señora Aura, nuestra vecina, me dijo: 'usted váyase a su casa, que es demasiado tarde. Porque usted tiene que ir a estudiar, usted va a ser médico como su papá'. Yo la miré, tenía como 8 años, y le dije: 'yo no voy a ser médico, yo voy a trabajar en televisión, no voy a ser médico ni nada de eso'. Siempre quise trabajar en televisión, veía las noticias en mi casa y quería ser presentadora de noticias. De hecho, había una presentadora muy reconocida que hoy en día es mi amiga y la admiraba, mi amadísima Maite Delgado, que tiene como nueve o diez años más que yo, algo así, pero tuvo una carrera hermosa en Venezuela. Yo la veía tan linda, tan simpática, tan divertida, tan elocuente, tan auténtica, que yo decía, yo quiero ser como ella. Fue para mí una inspiración, pero desde chiquita, imagínate. Ella ya tenía como 25 años de estar en la televisión y yo tenía 15 y yo quería ser como ella."

Aunque Camila sabía a qué quería dedicarse, no sabía por dónde comenzar ni cómo contactarse con las personas que trabajaban en los medios de comunicación, pues nadie de su familia se dedicaba a eso. En la búsqueda, comenzó a estudiar diferentes carreras universitarias, sin mucho éxito.

"Intenté estudiar Comunicación cuando me gradué del bachiller, pero no lo logré; empecé a estudiar Letras y no me gustó, lo dejé. Estudié Turismo tres años, me gradué, trabajé como técnico superior universitario de turismo y luego estaba super frustrada porque lo que yo quería era televisión.

"Mis papás me recomendaron buscar trabajo haciendo lo que fuera en un canal, para empezar en algo mientras lograba empezar a estudiar Periodismo, que era lo que yo quería. Cuando tenía 19 años conocí a una persona que trabajaba en televisión regional y le pedí trabajo. Y me dice, 'bueno, ¿qué sabes hacer?'. Yo le digo, 'nada, pero yo quiero ser presentadora', y me dijo, 'bueno mira, qué pena, no te quiero ofender, pero sólo te puedo ofrecer trabajo de recepcionista de 12 del mediodía a 2 de la tarde, atendiendo los teléfonos de mi programa. Si tú quieres trabajar en televisión, tienes que aprender todo'."

Por sus enormes ganas de aprender, los avances de Camila en la televisora resultaron mucho más rápidos de lo que sus propios jefes esperaban. Su dedicación la hizo llegar lejos en tiempo récord.

"A los seis meses ya yo sabía producir, ya manejaba el generador de caracteres arriba en el control de piso con el director. Al año yo estaba haciendo coordinación de estudio y era coordinadora de ese show, y hubo una oportunidad para hacer un video de prueba para ser presentadora de un programa de televisión. Hice el demo y les encantó, empecé a hacer ese programa y al poco tiempo, como al año, me dicen que hay un casting en Radio Caracas Televisión (RCTV). Edité un video de lo que ya yo hacía como presentadora de un programa para niños en el interior, en Promar Televisión. Lo mandé, les gustó, me llamaron a casting, fui y quedé. Y así, a los 24 años, empecé en RCTV, y desde entonces hasta que cerraron el canal estuve diez años conduciendo."

CAPITULO IX - CAMILA CANABAL

Toda esta aventura, incluida la realización de su máximo sueño y la enorme pena de perder a su hermana Valentina, fueron capítulos que Camila no vivió sola. Siempre ha estado a su lado su esposo Francisco Balvia, a quien conoció a muy temprana edad, cuando vivía en Barquisimeto.

"Yo estudié toda mi vida con su hermana, en el colegio Las Colinas, ahí nos hicimos novios. Él me acompañó todo el proceso, desde que yo era recepcionista hasta que fui presentadora de ese canal regional de televisión. Luego, fui a Caracas a hacer el casting para entrar en RCTV, y cuando volví tenía en mi cama una hoja que decía: 'tranquila, la suerte es de los buenos', y una rosa. Mi esposo es lo máximo, siempre me ha apoyado mucho, y siempre es de esos hombres que te empujan. Al día siguiente me llamaron para decirme que yo había ganado el casting. Eso fue un miércoles, necesitaban que el lunes yo viviera en Caracas. Y él, que ya estábamos comprometidos para casarnos, me dijo 'vete, qué bendición más grande'. Y me fui a Caracas."

Era sólo la primera prueba que superaría el amor entre Camila y Francisco. Él es comentarista deportivo de televisión, por lo que podía buscar oportunidades en el mismo medio que su prometida. No fue tan sencillo.

"Estuvimos un año casados, viviendo él en Barquisimeto y yo en Caracas. Yo trabajaba en televisión y también en radio, porque como tenía un programa tan bueno y exitoso, conseguí un trabajo en la radio más top de Venezuela, que era la Mega Estación del Circuito Unión Radio en Caracas. Un día yo llamo a mi jefe de ese entonces y le digo: 'oye, Luis Núñez, mira yo tengo un año aquí, mi esposo está con la locura de que se quiere quedar allá, él sabe que no va a conseguir nada aquí, yo necesito que le ofrecieran un trabajo aquí, necesito que mi esposo se venga, porque esto así no sirve'. Y él me dijo: 'tranquila, carajita, ya vamos a ver qué hacemos', y al poco tiempo le consiguió trabajo. Así empezó a trabajar en televisión y después consiguió DirecTV Sports, y ahí hicimos una carrera bellísima; él trabajó en RCTV y en Venevisión. Y yo alcancé mi sueño: tuve el programa de mayor

CAPITULO IX - CAMILA CANABAL

rating de la historia de RCTV, que se llamaba Aprieta y Gana."

Ese éxito y esa felicidad acabaron de tajo el 27 de mayo de 2007, cuando el fallecido expresidente de Venezuela, Hugo Chávez, decidió cerrar el canal donde Camila y su esposo Francisco había concretado sus sueños por una década. Unos minutos antes de que el régimen chavista desconectara la señal de la televisora, Camila y sus compañeros estaban transmitiendo en vivo. Quebrada en llanto, se dirigió a la cámara con las siguientes palabras:

"Señor presidente, está a tiempo, puede rectificar. Son las 9 de la noche y quince minutos y usted sabe que, con sólo una llamada, usted resuelve esto. No somos una, ni dos, ni tres personas. Somos muchísimas las personas que trabajamos para este canal, hay muchísimas personas que aman RCTV, inclusive personas que lo aman a usted. Señor presidente, con todo el respeto de corazón, con todo el respeto que usted se merece, rectifique. Usted tiene le oportunidad de rectificar, no la desaproveche."

Pero las súplicas de Camila no fueron escuchadas, y esa noche RCTV finalizó sus transmisiones. Después de extinguirse la señal del canal, el gobierno expropió los equipos de transmisión de la emisora para pasar a transmitir, minutos después, la señal de un nuevo canal estatal de servicio público llamado TVes.

Cuando le pregunté a Camila cómo fue ese día, su respuesta rápida fue "muy duro". A quince años de distancia, me dio su perspectiva de lo que significó que la obligaran a dejar de hacer lo que más amaba y al equipo con el que trabajaba, que se había vuelto como su familia.

"Yo digo que ni siquiera gente que apoyaba al presidente quería que eso sucediera. Y fue una locura que cerraran Radio Caracas Televisión. Fue un desastre terrible y un golpe durísimo a la libertad de expresión. Y fue para nosotros como un gran velorio, muy triste, fue como volver a vivir de alguna forma la muerte. En este caso la muerte de nuestro canal, de nuestra escuela. Yo era lo menos importante en Radio

Caracas. Allí había personas que tenían treinta años trabajando, veintipico de años, compañeros que también habían hecho carrera ahí, nos tocó volver a empezar y asumir ese dolor y eso fue muy duro para todas las personas que fuimos tan felices en Radio Caracas, y para el país en general."

En ese momento, Camila sentía que su mundo se derrumbaba.

"Fue muy decepcionante para mí vivir eso, sentir que después de eso nada pasaba, nos cerraron el canal y cada quién que resuelva. Y de verdad, al otro día, cuando me levanté, decidí irme de Venezuela. Y eso me trajo muchos problemas con mi esposo, porque él me decía: 'estás loca, ¿cómo nos vamos a ir? Tenemos una carrera de diez años, ¿cómo vamos a mantenernos fuera?' Y le dije, 'no sé, pero nos vamos, nos vamos.' Yo soy una mujer muy libre, me gusta la libertad de ser, de expresarme, y con mucho respeto, con mucha tolerancia, digamos. Siento que soy una persona que no hiere cuando habla, pero soy franca, a mí me gusta ser libre. Y ya no sentía esa libertad, y quería sentirla, quería tenerla, quería disfrutarla. Entonces tomé la decisión, y vinieron como dos años muy difíciles para mí como pareja, porque mi esposo no quería y la crisis más grande matrimonial que yo he tenido la tuve en esa época. Fue muy duro, casi me cuesta el matrimonio, nos distanciamos mucho, él quería una cosa y yo otra."

Para ese entonces, Camila y Francisco ya habían tenido a su primera hija, Joaquina, que era aún pequeña, por lo que mudarse a otro país sin una estabilidad económica ni seguridad laboral no era fácil. Pero la enorme decepción de perder el trabajo de sus sueños despertó un impulso en Camila que la hizo salir de su zona de confort y decidir que ese evento no la iba a vencer, a pesar de la oposición de su esposo de irse a vivir a Estados Unidos.

"Pero yo un día le dije: 'bueno papito, me voy. Si quieres venir, tú eres el amor de mi vida, el vuelo sale el 16 de julio', así de decidida. Y él me dijo: 'bueno, me voy'. Se vino como a regañadientes y él consiguió

trabajo en televisión, en el que es sumamente feliz, y a mí me tocó volver a empezar, reinventarme, y hoy en día soy muy feliz. Él sí consiguió todo lo que soñaba, sigue trabajando para Direct TV Sports pero ahora Latinoamérica y en todas las unidades que yo lo haya empujado, porque prácticamente lo empujé."

Los planes de Camila no salieron como ella esperaba. Llegar a Miami significó un cambio radical en su vida y la de su familia. Y aunque la invadía la incertidumbre por lo que pudiera pasar en un país ajeno al suyo y sin dominar el inglés, tenía el ánimo suficiente para empezar una nueva era. De lo único que tenía certeza era de que seguiría trabajando en televisión.

"Yo iba a trabajar o en Univisión o en Telemundo, punto. No había otra. Eran las mejores, las que yo quería. Yo me había preparado durante muchos años para hacer buena televisión, y en estos lugares se hace muy buena televisión, y allí yo quería trabajar. Y yo toqué una puerta, y toqué otra, y toqué con optimismo, con buena actitud, con gallardía, con valentía, con toda la buena onda que puede inyectar una persona. Mandé todos los emails que me pidieron, contacté a toda la gente con la que me relacionaron, todo lo que se podía hacer para conectarme y para entrar lo hice."

En cierta medida Camila lo logró, pues cuando llegó a Miami, en 2010, fue contratada por el canal Casa Club TV como presentadora del programa Vida Mamá. Sin embargo, ese no era su objetivo principal, y las decepciones comenzaron a llegar pronto, dándole un duro golpe de realidad a su nueva y obligada vida en Estados Unidos.

"Un día fui a una entrevista en Telemundo, nunca lo voy a olvidar, y la persona que me entrevistó ni siquiera me puso atención cuando llegué. Me dijo como que: 'ah, sí, ¿entonces tú de dónde vienes?', estaba como en el teléfono, 'ah, sí, ¿y qué hacías allá?'. No me hizo caso para nada, y a mí me dolió tanto, sentí que me entrevistó por compromiso, porque alguien le dijo que me recibiera, ¿sabes? Yo salí de ahí muy

triste y lloré todo el camino desde Telemundo hasta mi casa, y cuando justo yo iba llegando, también tengo vivo ese momento en mi memoria, dije: voy a abrir mi canal, ahorita están las redes sociales a todo lo que da, que cuando yo hacía televisión no eran así. El Instagram acababa de salir, salió en 2010 y esto sucedió en el año 2014, y yo dije: me voy a colgar de esta cosa y voy a hacer mi propio canal y punto."

Camila no imaginó que de ese momento de decepción y crisis profesional saldría el impulso necesario para iniciar una de las aventuras más grandes de su vida, lo que marcaría su independencia como empresaria y también como influencer. Sin saber mucho de redes sociales, decidió abrir su canal de Youtube, llamado Así lo ve Camila. Al principio parecía que sería un fracaso.

"Empecé a colgar mis videos en mi canal de YouTube y antes del año me di cuenta de que no iba a vivir de eso, porque en YouTube se suben seguidores, pero de a poquito, y porque no se monetiza si no tienes millones de personas. Y yo decía cónchale, de eso yo no voy a vivir. Y ahí yo misma pensé, bueno tengo que hacer esto viable, yo siempre me he mantenido junto con mis cosas con mi familia.

"Nosotros no somos millonarios, no teníamos ahorros suficientes para comprarnos un apartamento, digamos en una zona buena. Tampoco yo tenía el músculo para vivir diez años tocando puertas sin ganar plata, yo tenía que empezar a producir."

Camila ya no tenía el trabajo que había conseguido en Casa Club TV y aunque guardaba algunos ahorros, necesitaba ingresos constantes. Fue así que decidió unir su talento para comunicar ante las cámaras con el de empresaria y fashionista, que se fue descubriendo con el tiempo y la necesidad de salir adelante.

"Fue cuando dije: bueno, me voy a buscar algo que me encanta. Me gusta la moda, voy a empezar a bloguear sobre moda y belleza para subir mi número de seguidores, para hacer contenido de valor, para

vender publicidad, conseguir clientes y en algún momento, no sabía cuándo, ganar dinero con eso. Cuando tú empiezas en redes sociales, tú no te puedes poner tiempo, tienes que estructurarte y hacer contenido de valor y ya. Y yo empecé a hacer todo eso junto con el canal de YouTube, y al año, cuando vi que eso seguía creciendo y estaba monetizando, decidí crear una marca."

Sin tener experiencia en el ramo de la moda, en 2016 Camila tuvo la iniciativa de crear una marca de bolsos para mujer, para incrementar sus ganancias con algo real y que pudiera vender.

"Comencé vendiendo mis carteras en la sala de mi casa por el Snapchat en aquel momento, y luego por Instagram, por mensajito directo. Tenía una asistente que me ayudaba y entregábamos las carteras. Cuando vimos que la cosa funcionaba, contraté un pequeño showroom, y luego dije: ¿qué tal si sumo otros productos? Y empecé a vender cosas de otros diseñadores, y luego el showroom se me quedó chiquito y entonces contraté un espacio más grande en Key Biscayne, una tienda, y luego dije: ahora tengo que irme online porque quieren cosas desde todas partes del mundo." Claro, he crecido la marca, pero también como bloguera ha crecido mi marca Camila Canabal, entonces tengo más seguidores y se fue complementando un negocio con otro."

A más de seis años de que incursionó en las redes sociales y emprendió su negocio, Camila cuenta, al momento que escribo estas líneas, con más de 3 millones de seguidores en Instagram y casi 300 mil en su canal de YouTube. Su marca de ropa y accesorios Camila Canabal Shop se diseña en Miami, se produce en Italia y se vende en numerosos países a través de su página de internet.

"La mejor decisión profesional de mi vida fue haber hecho eso. No me quedé pegada en el dolor de lo que fui, no me sentí menos cosa por salir de la televisión para pasarme a YouTube."

Aunque esa transición tampoco fue sencilla para Camila.

"Me costó mucho aprender la parte técnica para grabar sola, eso fue lo peor. Porque cuando trabajas en televisión tienes una asistente que te trae el agua, el otro que te pone el prompter, la otra que te baja los pelitos. [...] Yo viví la televisión de oro, lo que yo quería lo tenía, siempre los presentadores son como que las estrellas, y pasé diez años así, siempre muy consentida por RCTV."

Camila tuvo que ser su propia jefa, conseguir sus propios proveedores, sus propios clientes y ser la única responsable de que su negocio creciera y que el dinero no dejara de llegar a su cuenta de banco.

"He aprendido mucho del negocio del diseño, sobre todo confección de carteras. He aprendido muchísimo porque he aprendido en el campo, porque llevo una carrera de seis años viajando, me he metido por meses enteros en fábricas. También he aprendido mucho de marketing, de ventas, porque he vendido sola todo, hoy en día vendemos miles de carteras al año. Y el año pasado tomé la decisión de crecer un poco más y ahora estoy empezando a vender las carteras al mayor. Estoy yendo a ferias, entonces sigo aprendiendo y sigo creciendo y me encanta."

Al ver a Camila tan entusiasmada, hablando de su negocio y la manera en que ha superado todas las expectativas que tenía, le pregunté si no le quedaba todavía la inquietud por hacer televisión y volver a los estudios, donde alguna vez fue tan feliz.

"Siento que no, ya de verdad que no. O sea, si llegara un proyecto que me enamorara, volvería; la televisión, siempre lo digo, es lo que más me gusta hacer, no quiero esconder mi gusto por esa cosquilla de 3, 2, 1, al aire. Lo que pasa es que cuando tienes 46 años y una vida profesional exitosa y que te hace feliz, ya no aceptas cualquier proyecto. El éxito para mí es que soy feliz haciendo lo que hago, y puedo vivir de ello y mantener a mi familia con mi negocio. Además, yo tuve la suerte de que Radio Caracas siempre me ofreció cosas que me encantaban. Yo me hice experta en programas de concursos y juegos y

eso es lo que me gusta hacer, programas divertidos y en vivo. Entonces si me proponen algo parecido a eso, ni lo pensaría, ojo, siempre que no tenga que dejar lo que con tanto esfuerzo he conseguido."

Camila no podría concebir su éxito sin el apoyo de su esposo y sus dos hijas, Joaquina y Guillermina (Kiki), a quienes les dedica todo lo que hace y por quienes quiere seguir alcanzando metas más altas. Así me describió el papel que juegan ambas adolescentes en su día a día.

"El papel fundamental que tienen Joaquina y Kiki es el de mi mayor inspiración. No solamente para proveer para ellas y para el futuro, y para que ellas puedan tener una base que les permita desarrollarse y estudiar en las universidades, que son costosísimas y todo lo demás, sino, lo más importante, ser la inspiración más grande que ellas puedan tener. Una mujer de valores, de compromisos, de trabajo, que hace el bien; una mujer que se propone metas y las cumple, y si no las cumple las usa como un aprendizaje para ser mejor. Yo he sido muy atenta en cuidar mis pasos para que ellas puedan tener el mejor ejemplo en carne propia dentro de la casa. A la vez estamos retroalimentándonos, porque ellas me inspiran a mí también para seguir, y quiero estar para ellas, para guiarlas y para acompañarlas. Ya tengo una hija que está encaminada, está grabando su primer disco, Joaquina en el mundo de la música. Mis dos niñas, Kiki mi chiquita y Joaqui, tienen unos corazones hermosos que para mí es lo único que importa."

Entre los planes a futuro de Camila están crecer su marca de ropa y accesorios y manejar la carrera musical de su hija Joaquina. Sobre todo, desea seguir siendo tan feliz como lo ha sido hasta ahora, a pesar del dolor de perder a su hermana Valentina, de perder su trabajo en televisión, perder a su madre y tener que exiliarse de su país. La fórmula para lograr la felicidad, me dice, es más sencilla de lo que podría pensarse.

"Te voy a decir lo que a mí me ha hecho ser feliz, y es una estupidez: es ser agradecida. ¡Es agradecer, estoy viva! Tengo dos hijas fuertes,

sanas. Tengo fuerza para hacer lo que quiero, tengo un trabajo que me gusta, pese a todo lo que he perdido. Cuando empiezas a vivir el acto consciente de agradecer lo poco o mucho que tienes, eres feliz. Entonces, la felicidad es tan sencilla o tan complicada como tú quieras que sea para ti. Y si te parece complicada, la llave para abrir esa puerta de la complicación y de lo difícil es el agradecimiento; ese acto consciente de agradecer todos los días de Dios, todos. Aunque haya sido un día malo, cuando yo cierro mis ojos de mi lado izquierdo de la cama, siempre digo 'gracias, Jesús, gracias', y me emociono porque siento que cada día es un regalo. He visto morir a gente muy querida y cercana y digo wow, qué lindo, qué lindo que estoy viva."

Con esa filosofía y una alegría que contagia, Camila es el ejemplo de una Latina de Éxito que logró el sueño americano por accidente, sin desearlo realmente, incluso oponiendo resistencia. Las condiciones políticas de su amada Venezuela la orillaron a vivir una aventura inesperada y fantástica, que nunca imaginó.

Personalmente, admiro enormemente su energía y la cantidad de cosas que logra hacer en un solo día. Yo la sigo en redes sociales y cuando siento que estoy agotada o que trabajo demasiado, voy a su perfil, para inspirarme y ver que siempre se puede hacer más, que siempre se puede aprender algo nuevo, e incluso vivir de ello.

Desde que la escuché hablar por primera vez en 2017, Camila Canabal ha sido una gran inspiración para mí. No por la enorme fama que alcanzó como conductora de televisión en su país –yo no tenía el gusto de conocerla antes–, sino por la historia que se ha construido cuando parecía que todo se había terminado para ella y, como un ave fénix, encontró la manera de resurgir de entre las cenizas.

CAPITULO X

BETTY URIBE
La colombiana que se ha basado en seis valores para triunfar

Conocí a Betty Uribe en un evento organizado por la Cámara de Comercio Latina de Los Ángeles. Luis Patiño, quien en ese tiempo era presidente de Univision Los Ángeles, me presentó con ella, pues le interesaba mucho que la entrevistara para Latinas de Éxito.

Al momento de conocernos, solo intercambiamos un saludo y nuestras tarjetas de presentación. Después comencé a indagar sobre ella. En aquel entonces (el año 2017) era vicepresidenta del California Bank and Trust y era muy reconocida en el mundo de los negocios del estado. El recorrido que había seguido para lograr hacer tantas cosas en Estados Unidos me sorprendió. Sus retos, supe cuando nos sentamos a hablar, comenzaron desde el día en que nació en Bogotá, Colombia.

"Fui sietemesina, se suponía que yo no iba a sobrevivir. En el momento que yo nací, el médico le dijo a mi mami: 'tienes que arreglar toda la ceremonia porque esta niña no va a vivir'. Así que desde el principio he sido una luchadora de primera categoría."

Cuando era niña, Betty vivió en una situación económica privilegiada. No conocía la pobreza y sus primeros años transcurrieron sin complicaciones aparentes.

"Mi papi tenía una compañía de transporte, que muchos años después heredamos nosotros, cuando él falleció. Tenía mucho dinero, era millonario."

Sin embargo, ese dinero no significaba la felicidad para Betty Uribe y su familia. Su padre tenía un vicio que acabó con la tranquilidad de quienes le rodeaban.

"Él tomaba mucho [alcohol] y llegaba a la casa y le pegaba a mi mamá. Una noche llegó mi papi y yo me desperté; mi mami estaba acostada conmigo y mi papi casi la mata a golpes frente a mí. Fue esa noche cuando ella se decidió y dijo: 'No puedo vivir así más. Me voy y dejo todo, pero necesito buscar la paz para mí y para mis hijos'. Entonces la niñez fue bonita, pero fue una niñez con muchas cosas escondidas: todas las personas en la comunidad veían que mi papi tenía mucho dinero, que mi mami era una mujer de sociedad, pero no sabían ese secreto que teníamos en la casa, que era que mi papi maltrataba a mi mamá."

Doña Beatriz, la madre de Betty, decidió tomar a sus cuatro hijos y huir de la violencia doméstica, para empezar de nuevo en Los Ángeles. A diferencia de la gran mayoría de los inmigrantes, que huyen de una situación económica precaria para buscar una mejor calidad de vida en Estados Unidos, Betty pasó de ser millonaria a ser sumamente pobre.

"Ella dejó todo por lograr su tranquilidad y por llegar a un lugar donde sus hijos pudieran tener un futuro; tener paz en nuestra vida y ganarnos

con las propias manos un futuro, no que nos lo dieran. Eso nos dice que la paz no se puede comprar con ningún dinero."

Betty me contó que mientras vivió en Colombia fue una niña muy aplicada. Tenía medallas y era una estudiante destacada y popular. Sin embargo, cuando llegó a Los Ángeles a los 12 años de edad, su vida dio un giro drástico.

"No sabía el idioma, no conocía a nadie, solamente a mi tía Ruby, que nos quedamos en casa de ella por tres meses. No conocía la cultura, entonces para mí fue muy incómodo. Al mismo tiempo, fue un momento de pensar: tengo la oportunidad de una vida nueva, estamos en los Estados Unidos, que todo mundo piensa que todo va a ser muy fácil y que el dólar se puede agarrar de los árboles. Y no nos dábamos cuenta, pero llegar aquí fue, como dicen, bittersweet, agridulce. Fue difícil porque no sabía el idioma y los muchachos se reían de mí, se burlaban de mí. De modo que yo puse una barrera entre mí misma y las personas alrededor. Como quien dice: me puedes mirar, pero no me vas a herir."

Los retos para Betty no sólo tenían que ver con el rechazo y la falta de adaptación en la escuela. Al llegar a casa con su mamá, enfrentaba la pobreza y la humillación de parte de quienes les daban trabajo.

"Limpié casas a los 12 años para ayudar a mi mami, cuidaba a los niños de alrededor de mi vecindad. Y me acuerdo que cuando estaba limpiando casas, la vecina como que se aprovechaba. Ella tenía dos niños y una vez a la semana, los sábados, llegaba yo a la casa y tenía la loza arrumbada de toda la semana, y la casa estaba increíblemente sucia porque no hacían absolutamente nada, sino que ella estaba como que esperando a que yo llegara a hacerlo todo. Y ella no se daba cuenta que yo era como una princesita de Colombia que nunca había ni siquiera limpiado mi casa ni había tendido mi cama, pero ahí aprendí, ayudando a mi mami."

Aun así, la mamá de Betty se encargó de que tuvieran una vida agradable. A pesar de lo difícil que fue ser madre soltera y pasar de la riqueza a la pobreza, procuró que sus hijos no se enteraran de las enormes carencias económicas que estaban viviendo.

"Mi mami siempre decía: 'mire tan lindo esto, vamos a celebrar esto, tenemos que estar muy agradecidos con Dios porque tenemos esto o el otro'. Y siempre mi mami decía: 'le echo un poquito más de agua al caldo o a la sopa y viene la gente'. Y ella siempre le estaba dando a personas que tenían mucho menos que nosotros."

Al ser una adolescente, Betty veía todo como una aventura. Sin embargo, la nostalgia por su vida acomodada en Colombia rondaba. Con voz entrecortada, Betty me contó los momentos en que, a pesar del daño que les causó a ella y a su familia, extrañaba a su padre.

"Yo me acuerdo que a veces yo decía: ¿por qué no tenemos dinero para esto, si en Colombia teníamos todo? Y quería llamar a mi papi para que viniera y me recogiera, y a veces miraba la puerta esperando que llegara. Veía que mi mami se ponía muy triste y se ponía a llorar cuando volvía de la fábrica donde trabajaba. ¿Te puedes imaginar a una mujer de 45 años que venía de una vida totalmente diferente, llegar aquí a este país y tener que trabajar en una fábrica cosiendo blue jeans? Le pagaban 25 centavos por cada pantalón, y se levantaba a las tres de la mañana para ir a la fábrica. Y así como ella tenía trabajadores en Colombia, ahora ella era la trabajadora y la que estaba luchando por sus hijos. A pesar de eso, nunca se quejó, también miraba la puerta esperando a que mi papi viniera a recogernos. Fueron momentos difíciles, ver el sacrificio que hizo nuestra madre por nosotros, para tener una vida mejor."

Y aunque el padre de Betty nunca llegó a Estados Unidos para reunirse con su familia y llevarla de regreso a Colombia, tampoco perdió contacto con ellos. Los visitaba de vez en cuando y se escribía cartas con sus hijos. Y hacia el final de su vida hizo un viaje especial que sirvió para que Betty sanara su alma.

"Él nos pidió perdón a todos. Vino aquí y le pidió perdón a mi madre, delante de sus hijos. Nos pidió perdón a todos y ya él como que se dio cuenta del daño que había hecho, y se convirtió en una persona tan dócil, amorosa y linda. Él también dando mucho a su comunidad y dando mucho a sus hermanos."

Conforme crecía, Betty continuó siendo sumamente proactiva y aplicada en sus estudios. Practicaba gimnasia rítmica y aprendió inglés a base de repasar diccionarios. Estudió la carrera de Psicología y Negocios en la Universidad Estatal de San Diego. Su primer trabajo fue en un banco.

"Fui la gerente más joven del banco aquí en el sur de California y empecé a subir muy rápido. Tenía un ansia de ayudar a la gente y por medio del banco podía ayudar a muchas personas, a los latinoamericanos más que todo. Tenía una fila larguísima de personas que estaban esperando para ver a Betty."

Para reforzar su ascenso en el mundo de los negocios, Betty Uribe no dejó de estudiar. Terminó dos maestrías: una en Banca y otra en Finanzas y Estrategia. Cuando hicimos la entrevista, no hacía mucho que había terminado un doctorado en Estrategia en la Universidad Pepperdine. En ese punto de la entrevista le pregunté cómo había conseguido tener una trayectoria tan interesante ayudando a los demás, cuando sus estudios y sus negocios tienen que ver principalmente con números y dinero. Extendiendo su enorme sonrisa, Betty me respondió.

"Todo lo que yo hago en el banco, todas las estrategias que hemos desarrollado, que han sido la base para que el banco tenga un trayecto muy alto, ha sido basado en valores. ¿Cómo lo hacemos? Cuando yo estoy trayendo una persona nueva al banco, la entrevistamos viendo qué valores tiene la persona. Si la persona quiere ser número uno sin pensar cómo lo va a ser, puede ser número uno, puede ser la mejor persona en banca, pero si esta persona no tiene valores, no tiene sitio en mi banco."

El tema de los valores ha sido de una enorme trascendencia en su vida. Por eso, en enero de 2017 publicó el libro #Values: The Secret to Top Level Performance in Business and Life, el cual se basa en los seis valores que, para Betty, son los que dictan sus actos:

"Primero que todo, Dios. La familia, segundo. Y para mí la familia es más importante que mi trabajo. Después el trabajo, la salud, la comunidad y darle al prójimo."

Betty Uribe presentó su libro en la gala inaugural de la Casa Blanca, y el documento se encuentra en una extensión de la biblioteca de la misma residencia. Estar dentro de ese lugar tan poderoso era un sueño que Betty tuvo desde que salió de su natal Colombia.

"Siempre el llegar a Estados Unidos, si eres pobre, si eres rico, es como un sueño. Entonces llegar aquí fue algo muy grande. Cuando empecé a limpiar casas, mi tía Ruby me dijo: 'Te voy a enseñar etiqueta, porque algún día vas a cenar con el presidente de los Estados Unidos'. Yo dije: '¿El presidente de los Estados Unidos? No hay ninguna manera de que eso suceda, pero bueno, yo aprendo etiqueta porque eso me va a ayudar'."

Catorce años después, Betty estaría cenando con el entonces presidente, George Bush padre, en la Casa Blanca de Washington, D.C.

"Nunca pensé poder estar en una cena con el presidente, y mucho menos tener una conversación personal con él. Tengo una foto cheek to cheek (mejilla con mejilla), como dicen, abrazados con ese presidente. Y después de eso he estado con diferentes presidentes del mundo para hablar sobre valores."

Estas experiencias no han cambiado a Betty en lo esencial, que es predicar con el ejemplo y con los valores en todo lo que hace. Todo esto, lo aprendió de su madre.

"Mi mami siempre me decía: trata a todo mundo como si fueran iguales

a ti. Porque todos somos iguales. El título no tiene ninguna diferencia de quién es la carne y hueso de que somos nosotros, pues todos somos iguales: nos levantamos por la mañana, nos cepillamos los dientes, nos ponemos los pantalones, quizá una manga a la vez. Y la única diferencia es cuánta deuda tienen ellos, porque ellos tienen más deuda que nosotros."

De esta manera, los valores han sido el faro que guía las acciones de Betty Uribe. Su pasión por la educación también se ha traducido en ayudar a los demás a tener una mejor preparación.

"Si tenemos la intención de ayudar al prójimo siempre, las puertas se abren. Y para mí, pienso que la educación me ha abierto muchas puertas que quizá de otra manera nunca se hubieran abierto."

Las palabras de Betty Uribe se han convertido en acciones, y una gran cantidad de jóvenes han podido estudiar gracias al impulso que les ha dado.

"El día que el libro salió, una de las personas que yo entrevisté para mi libro donó un millón de dólares para estudiantes aquí en el sur de California; estudiantes latinoamericanos que quieran ir a la universidad pero no tengan los recursos económicos. También estoy dando becas en la India, y en Kenia estamos haciendo escuelas, estuve ahí el año pasado y conocí a muchas de las personas que se les ha dado becas. Hay niñas que tienen historias que han marcado su vida y hoy en día pueden tener un futuro diferente por la labor que se está haciendo.

"Y también quiero dar becas en mi país y en toda Latinoamérica. La meta que me he puesto es cien becas en cada continente de aquí a que yo cumpla los 80 años. Ya tengo la mitad de las becas en este continente, ya están pagadas."

Sin duda, Betty Uribe ha cumplido muchas de sus metas tanto en el mundo de los negocios como en el altruismo. No podía dejar de preguntarle cuáles han sido los más grandes obstáculos con los que se ha enfrentado siendo mujer, latina, exitosa, inteligente y perseverante en un ambiente en el que no a todos les gustan esas características reunidas.

"Yo pienso que el obstáculo más grande está aquí –dice, señalándose con las dos manos la cabeza–. Si nosotras pensamos que por ser mujeres no podemos, entonces por ser mujeres no vamos a poder. Y si llegamos al asiento y nos sentamos con orgullo de quién somos, con orgullo sabiendo que nosotros tenemos tanto como la próxima persona, así sean hombres o mujeres, entonces vamos a poder."

Betty ha hecho una diferencia en la vida de muchas personas, y eso es lo que ella considera que la convierte en una mujer exitosa. Es también, me dijo, algo que le da felicidad.

"Me hace sonreír saber que puedo hacer una diferencia en una persona o en mil, no importa. Todas las noches tomo inventario y eso lo hago con mis hijas, les pregunto: ¿en quién hiciste una diferencia hoy?"

Y es que, más allá de su brillante trayectoria en el mundo de los negocios, de los múltiples reconocimientos que ha recibido como empresaria, conferencista, autora, y de su labor altruista en todo el mundo, para Betty el éxito no radica en lo material.

"El éxito es saber que una persona pudo tener una vida mejor porque estuvo alrededor de algo que yo hice. El éxito no tiene que ver con el dinero, tiene que ver con poder tener el tiempo de hacer lo que tú quieras hacer con quien tú quieras, a dónde tú quieras y poder dejar un legado por generaciones. El éxito es saber que valió la pena que yo naciera en esta vida y valió la pena que Dios me mandó a este mundo y que él se sienta orgulloso y que diga: esa es mi hija."

Con mucho orgullo, puedo decir que yo soy una de esas personas en las que Betty Uribe ha hecho una diferencia. Desde que la conocí me impresionaron su dulzura, su amabilidad, su educación impecable

JOSEFINA LÓPEZ
De indocumentada a referente del teatro inmigrante en Los Ángeles

La invitación que Josefina López envió a Univision 34 era para que un reportero cubriera la inauguración de su restaurante Casa Fina, en el barrio de Boyle Heights, en el este de Los Ángeles.

En un principio pensé que ese tema no me correspondía. Sin embargo, cuando me enteré de que Josefina era la autora de la obra de teatro (luego llevada al cine) Real Women Have Curves (Las mujeres verdaderas tienen curvas), me llamó poderosamente la atención conocer su historia como inmigrante indocumentada y emblema del teatro con temática inmigrante en Los Ángeles.

Nuestra entrevista transcurrió en Casa 0101, espacio que Josefina fundó junto con el padre de sus hijos y que con los años se ha convertido en un referente en la escena teatral de Los Ángeles. Nos situamos en el escenario, el espacio en el que Josefina dice sentirse más cómoda.

CAPITULO XI - JOSEFINA LÓPEZ

Ahí, frente a las butacas vacías, pero con la energía maravillosa del teatro, Josefina me contó, con un tono firme y en ocasiones acelerado, que nació en un lugar llamado Cerritos, en el estado de San Luis Potosí, en México. A los cinco años de edad emigró junto con sus padres a Estados Unidos, y llegaron a instalarse a la zona de Boyle Heights.

"Yo no sabía que este barrio lo consideraban muy peligroso, porque yo tuve la suerte de que tuve una familia muy grande y no tuve las experiencias de otras personas con relación a violencia o pandillas, nada de eso."

Aunque asegura que su infancia fue feliz, había algo que le dolía en lo más profundo de su corazón.

"Recuerdo que en la televisión –especialmente antes, cuando sólo había tres o cuatro canales– los latinos o los mexicanos no existían en la televisión; era como si no fuéramos humanos. Y las pocas veces que vi a los latinos, siempre hacíamos el papel de criminales, a veces de criadas o pandilleros, todos los estereotipos. Eso me dolía porque mis padres eran muy trabajadores, muy buenos y no tenían nada que ver con esas representaciones de los latinos. Eso me afectó muchísimo."

Josefina vivió trece años como inmigrante indocumentada en Estados Unidos. De esos años de infancia y adolescencia relata:

"No sabía que estaba indocumentada. De niña mis papás sólo me decían que no dijera nada de que no tenía papeles y yo me preguntaba qué clase de papeles. Yo no sabía nada de eso. Entonces me di cuenta cuando mi hermana quería ir al colegio y estaba muy triste de que no podía ir porque estaba indocumentada.

"Mis padres, después de muchos intentos, lograron obtener la residencia, pero sólo para ellos y no para sus hijos. Así que cuando me

di cuenta, viví con el miedo y el dolor de que un día me podían deportar y separar de mis padres."

A los 18 años de edad, Josefina obtuvo la amnistía, como resultado de la Ley de Reforma y Control de Inmigración (IRCA) firmada el 6 de noviembre de 1986 por el entonces presidente Ronald Reagan, que ofreció la legalización del estado migratorio y un camino a la ciudadanía para 2.7 de los cerca de 5 millones de indocumentados que había en el país en ese momento. Sin embargo, nunca olvidará lo que vivió antes de verse beneficiada por esta ley.

"Cuando uno está indocumentado, se siente que no es una persona, se siente que es una sombra. Nos tratan como si no tuviéramos razón de vivir, de existir. Es como si fuera una violencia contra nuestra inocencia."

Una vez que obtuvo su estatus de residente, Josefina también encontró su vocación en las bellas artes, particularmente en el teatro y la actuación, pero sobre todo en la escritura de obras de teatro y guiones para televisión. Su deseo más grande en ese momento era estudiar. Pero su padre se oponía:

"Mi padre era muy macho y no entendía por qué una mujer iba a querer educarse o ir al colegio, si al final se va a casar y va a ser madre. Tenía pensamientos muy limitados, mi padre."

Pero Josefina logró romper ese esquema familiar y eligió estudiar cine, televisión y teatro en la Universidad de California en Los Ángeles; más tarde estudió una maestría en guionismo. A los 18 años de edad, en 1988, escribió su obra de teatro más conocida: Real Women Have Curves.

"Yo quería celebrar que ya tenía papeles. Por eso escribí esa obra, que habla de la experiencia que tuve trabajando en una fábrica de ropa con mi hermana y mi mamá. Y también mi experiencia como mujer latina

creciendo en los Estados Unidos, pues uno aquí siempre ve las imágenes que muestran los medios de lo que significa supuestamente ser bello, es decir personas rubias, altas, delgadas y de ojos azules. Algo que si tú eres alguien con raíces indígenas nunca vas a lograr, porque Dios nos creó diferentes a todos, para diferentes necesidades."

Ana, la protagonista de la obra, es una chica de 18 años, de origen hispano y con algo de sobrepeso, que reside en Estados Unidos con su familia. Está a punto de acabar los estudios de secundaria y es la primera en su familia que puede soñar con ir a la universidad y conseguir una beca. Pero su madre se opone, pues piensa que ella lo que debe hacer es trabajar, adelgazar y conseguir un novio para casarse lo antes posible. Cuando termina la escuela, Ana entra a trabajar a un taller de costura con su hermana y su mamá, con quien vive peleando, sabiendo que puede lograr mucho más en la vida.

"Yo quería representar a la latina como una mujer realizada, pero también bella. Quería decirles a las latinas que todas somos bellas. Ser mujer es lo bello, lo demás es lo que nos están vendiendo los medios de comunicación. Y una mujer no debe de sentir que no tiene valor, porque si de verdad te faltara algo, Dios te lo hubiera dado."

Josefina me cuenta que ella misma ha vivido la batalla por mantener su peso desde que tiene memoria. Ella lo atribuye a que también padece Déficit de Atención e Hiperactividad (ADHD), lo cual la hace ser muy creativa, pero también tener desórdenes alimenticios.

"Mi cerebro trabaja muy rápido y por lo mismo siempre quiere azúcar. Siempre he tenido dificultad de estar flaca, entonces me he tenido que aceptar y decir: wow, soy bella y sí podría cambiar, tomar algún tratamiento, etcétera, pero eso me quita quién soy yo."

Con Real Women Have Curves, Josefina desafió los modelos de belleza de la década de los 80 y ayudó a ver con otros ojos a las mujeres latinas, que hoy saben que pueden lograr una mejor calidad de vida que la que tuvieron sus padres, y luchar por alcanzar el llamado sueño americano.

CAPITULO XI - JOSEFINA LÓPEZ

"Cuando escribí la obra, eso de las curvas no existía, y si se hablaba de curvas se referían a una mujer talla 6, cuando la mayoría de las mujeres en Estados Unidos somos talla 12 hasta la 18, más o menos. Y se vuelve ridículo, porque para Hollywood una mujer talla 6 es considerada gorda y las mujeres que presentan en el cine o la televisión son talla cero o doble cero. Para mí hay una distorsión. Y quería hablar sobre el hecho de que una siendo mujer se siente menos, pero esas imágenes son falsas y no debemos de tratar de ser como ellas."

En el año 2002, la obra de Josefina fue llevada al cine. Fue dirigida por Patricia Cardoso, de origen colombiano, y protagonizada por América Ferrera, Lupe Ontiveros y George López. La película ganó premios en el Festival de Sundance, San Sebastián y los Independent Spirit Awards. Con ello, el mensaje de Josefina resonó en todo el mundo.

"Esta obra fue mi manera de decirle a la sociedad: mira, esas personas a quienes tú consideras que no tenemos valor porque somos pobres, gordas, indocumentadas, porque somos mujeres; quiero decirles que todas tenemos valor, aunque tengamos muchas desventajas, tenemos muchas cosas bonitas y cosas que aportar, que no las conocemos hasta que las necesitamos."

Josefina ha logrado trabajar como guionista para los estudios más grandes de Hollywood. Aunque, más allá de lo deslumbrante que puede ser ese universo, ha tenido que enfrentar grandes obstáculos como latina y mujer en una profesión que hasta hace no mucho era sobre todo ejercida por hombres.

"Llevo más de veintiséis años como guionista profesional, y créeme que hay tanta ignorancia, tanta estupidez, que es frustrante en verdad. Pero cuando me frustro trato de aprender más, tomo más clases, me conecto con más personas. Y ahora sé que si tengo un sueño, nadie es responsable de mi sueño más que yo."

CAPITULO XI - JOSEFINA LÓPEZ

Su historia personal y sus valores como inmigrante han permeado en la carrera de Josefina. Tanto, que ha preferido perder oportunidades de trabajo antes que escribir algo que va en contra de su gente.

"Una vez me dijeron que tenían la idea de una caricatura en la que a una criada le picaba un zancudo y ese zancudo también le picó a una extraterrestre. Cuando le pica el zancudo a esta criada, ella tiene muchos poderes como fuerza y inteligencia. Yo reclamé y les pregunté por qué, si tenía tantos poderes, mejor no se educaba y dejaba de ser sirvienta. El resultado fue que no me dieron el trabajo."

Josefina asegura que muchas veces los productores y directores de Hollywood han pretendido que escriba situaciones o personajes que resultan ofensivos para las diferentes etnias y comunidades que viven en Estados Unidos.

"Ellos no entienden por qué son ofensivas y yo les tengo que explicar. Y entonces ellos se ofenden porque los educo sobre la historia de los afroamericanos, de los latinos, para que vean que no es verdad lo que quieren mostrar en la televisión. Por eso muchos productores no me dan trabajo, porque yo digo lo que pienso y digo la verdad."

Estas situaciones han llevado a Josefina a reflexionar sobre el valor que tiene como artista, y la importancia de preservar sus orígenes y sus principios por encima de todo.

"Yo sé que voy a ser esa persona que recibe los golpes para que a otra persona no la toquen, porque soy así de fuerte. Así es que si no me dan trabajo no me importa, porque no quiero trabajar con una persona racista. Porque también, si me dan el trabajo y me tengo que quedar callada, voy a obstruir mi creatividad. No quiero volver a estar en una situación en donde digan cosas racistas o sexistas y que yo no pueda decir nada.

"Tal vez pude haber llegado más lejos, podría tener un Oscar ya. Pero digo: no quiero ganarme un Oscar si a cambio tengo que callarme la boca y no decir la verdad."

CAPITULO XI - JOSEFINA LÓPEZ

Después de varios años viviendo esta situación, Josefina decidió que la única manera de seguir trabajando y promoviendo el arte como ella lo entendía era volviéndose su propia jefa. Así inició la aventura de Casa 0101, que fue fundado en el año 2000 y con el tiempo se expandió hasta convertirse en un local de 5 mil 400 pies cuadrados y espacio para 99 asientos.

Ha sido escenario de producciones como Eastside Heartbeats, que cuenta la historia de una banda latina que actuó junto a The Beatles en 1965, así como de piezas conocidas como el musical In the Heights, de Lin Manuel Miranda, creador del exitoso musical Hamilton. Ha sido espacio para festivales que exploran la cultura chicana, así como para talleres comunitarios de danza, música, dramaturgia y cine, con lo que se ha convertido en un auténtico semillero de nuevos talentos.

"He formado a muchos escritores jóvenes, personas que han escrito su primera obra y yo soy como su 'mentora' o guía. Me da mucha satisfacción que muchas obras de teatro se han creado porque yo he guiado a esos escritores y esas historias son muy importantes. Presentamos el primer festival de teatro LGBTQ, también hemos hecho obras de teatro con las experiencias de personas en pandillas, también de personas que son mudas o sordas. Hemos hecho historia en este teatro y hemos contado historias que Hollywood nunca va a contar."

Josefina asegura que al escribir obras de teatro está contando la verdad desde el lado de los perdedores, que también tienen derecho a decir su historia.

"Nuestra comunidad tiene muchísimo dolor, porque nos han olvidado en los libros de historia. Nuestra contribución como latinos y mujeres no está en la historia. Así que esta es mi oportunidad de contar la verdad, porque con la verdad todos podemos sanar."

En 2012, Josefina escribió Detained in the Desert (Detenido en el desierto), pieza teatral que también fue adaptada como película. Es la historia de Sandi Sánchez, una ciudadana norteamericana de origen latino que es detenida por agentes de la patrulla fronteriza en Arizona sólo por su color de piel. Ella trata de escapar por el desierto, donde se encuentra con Lou Becker, un locutor de radio racista que ha llegado ahí por otras circunstancias, y ambos terminan viviendo una pesadilla. La inspiración, dice, le llegó gracias a un "ángel".

"La escribí después de conocer a Enrique Morones, el fundador de [la organización de apoyo a migrantes] Ángeles de la Frontera. Él es el señor que empezó a llevar galones de agua a la frontera y después comenzó a motivar a muchas organizaciones para que también llevaran agua para los migrantes que cruzan el desierto."

Después de conocer a Morones, Josefina acudió a la Marcha Migrante, donde conoció más a profundidad la realidad de los migrantes.

"La marcha culminó en un cementerio en la frontera entre California y Arizona. En ese cementerio había más de setecientos cuerpos de personas que no pudieron regresar con sus familias, porque no hubo identificación de los cadáveres. Enrique Morones ha llevado agua, pero también ha encontrado cuerpos ahí, y trata de regresar los huesos a sus familias. Me dio la impresión de que él era un recolector de almas. Y de ahí me surgió la idea de que estas dos almas se encontraran en el desierto."

Josefina escribió esta obra para mostrar que el sol no discrimina y quema por igual a las personas, sin importar su raza.

"En esta marcha también vi fotografías de los cuerpos que habían encontrado. Muchos de ellos se reducían a polvo. A muchos les faltaban partes del cuerpo, porque se los habían comido los animales. Me afectó muchísimo, y por eso quise escribir esta obra."

A Josefina le costó mucho trabajo distribuir esta película. Me dijo que creía que se debió a la manera tan realista en la que cuenta los horrores que viven los migrantes en el desierto de Arizona. Cuando le pregunté si creía que sería más complicado promover estos temas

CAPITULO XI - JOSEFINA LÓPEZ

durante el gobierno de Donald Trump, quien había dado rienda suelta al odio contra los migrantes, ella me respondió que no, y que sería la misma lucha de siempre.

"Sí está fea la situación, pero nosotros siempre como chicanos sabíamos de este racismo, aunque los anglosajones no creían. Nos decían: 'estás exagerando, eres muy dramático'. Pero ahora que está a la luz, digo qué bueno, porque estábamos cansados de que nos dijeran mentirosos. La diferencia es que ahora piensan que tienen el derecho a no esconder ese racismo, pero siempre ha estado ahí."

En cada una de sus obras de teatro y sus actos, Josefina tiene presente la historia de su padre, quien fue parte del Programa Bracero, un acuerdo laboral temporal entre Estados y México iniciado en agosto de 1942, que trasladó a unos mil campesinos mexicanos experimentados para cultivar y cosechar en ingenios azucareros ubicados en la región de Stockton, al norte de California.

Los ojos de Josefina se llenaron de lágrimas y su voz, claramente educada para teatro, se entrecortó cuando trató de explicarme todo lo que su padre sufrió cuando migró por causa de la enorme necesidad económica que había en su natal San Luis Potosí.

"A mi padre como bracero lo humillaron mucho, sufrió muchísimo. Él me decía que lo trataban como animal, pero él no se atrevía a decir nada, me decía a mí: 'Con hambre, ¿quién tiene boca?' Y tal vez porque mi padre no pudo decir nada, yo voy a hablar por él. Y yo sé también que mucha gente no tiene voz porque son indocumentados y yo digo que yo voy a hablar por ellos, porque a mí no me da miedo. No sé de dónde viene este valor, tal vez venga de mi padre."

Conocer a Josefina me dejó muchas impresiones. Por una parte, su carácter fuerte y decidido, que se nota en su manera de hablar, en sus pasos y en sus ojos, siempre al acecho. Ese carácter que la ha llevado a donde está, a rebelarse contra un sistema y una cultura que le gritaba que fuera en contra de sus principios.

Admiro su tenacidad y amor infinito por el arte, especialmente el teatro. En 2018 pasó tiempos difíciles y estuvo a punto de cerrar Casa 0101, que ya no podía sostenerse solamente de las entradas. Sin embargo, lanzó una campaña en los medios de comunicación para conseguir donadores para sostener su gran proyecto. Hasta la fecha en que escribo estas líneas, el teatro sigue promoviendo la cultura latina.

Josefina me inspira, me alienta cada vez que pienso en su famosa obra -como latina, soy una mujer de curvas- y me llega profundo al corazón, pues los inicios de mi carrera fueron en la actuación, una vocación que respeto profundamente y me parece fascinante.

CAPITULO XII

HILDA PACHECO MARTÍNEZ
Del orfanato a la familia que siempre soñó

En noviembre de 2016, con un gran trabajo de equipo entre directivos, productores, camarógrafos y editores, lanzamos la sección Latinas de Éxito en los noticieros de Univision 34. Comenzamos a planearla en agosto de ese mismo año y yo, que acababa de llegar a la ciudad, no conocía muchos ejemplos de mujeres exitosas en Los Ángeles a quienes pudiera entrevistar. Por eso me apoyé en mis compañeros de trabajo, y entre sus sugerencias estaba Hilda Pacheco Martínez, directora de la fundación Corazón de Vida.

CAPITULO XII - HILDA PACHECO MARTÍNEZ

Cuando leí que se trataba de alguien que dedicaba su vida a ayudar a niños sin hogar en México, me pareció una labor maravillosa. Pero cuando conocí las razones por las que Hilda fundó esta organización y su propia experiencia en los orfanatos, me pareció fascinante y conmovedora. Así que sin dudarlo la invité a que formara parte del estreno de este segmento.

En su oficina ubicada en Santa Ana, California, comencé a escuchar su relato. Me contó que había nacido en Ensenada, Baja California, en México. En su primera infancia vivió con sus padres y sus tres hermanos. Pero cuando tenía 8 años de edad, su vida se rompió debido a la adicción y la agresividad de su padre.

"Mi papá tenía un problema de alcoholismo. Perdía el control muchas veces, golpeaba a mi mamá, y creo que se dio cuenta al pasar el tiempo que él no podía dejar de tomar y las cosas se estaban poniendo peor, así que decidió dejar a la familia. Creo que fue la única manera en que él pudo separarse del peligro que podía venir para nosotros si seguía en casa."

A partir de ese momento, la madre de Hilda se vio en una situación muy complicada, que marcaría el destino de sus hijos.

"Mi mamá se quedó sola y no estaba preparada para trabajar. Siempre había crecido con la idea de que iba a ser ama de casa, se iba a casar y su esposo la iba a mantener. Pero con el abandono de mi papá, ella se tuvo que salir a trabajar; hacía tortillas para vender y no ganaba lo suficiente para pagarle a alguien que nos cuidara, así que nos dejaba en casa solos. Como yo era la mayor, me encargaba de cuidar a mis hermanos, lo que no era muy seguro, por cierto. Una de esas veces que mi mamá estaba trabajando, mi hermano Juan se nos cayó en la pila del agua de la casa y casi se ahoga. Gracias a Dios llegó uno de los papás del vecindario en el momento en que estaban las mamás y toda la gente viendo que el niño se estaba ahogando y nadie lo podía sacar porque nadie sabía nadar. Pero este señor lo pudo sacar, lo llevaron al hospital y todo salió bien."

La madre de Hilda se dio cuenta de que la vida de sus hijos iba a estar en peligro si seguía dejándolos sin la supervisión de un adulto, y decidió pedir ayuda.

"La única ayuda que ella conocía era la de los orfanatos en Baja California. Nos llevó a la casa hogar Puerta de Fe, en La Misión [un humilde barrio en Ensenada]. Nos aceptaron y fue donde llegamos, yo ya tenía casi 9 años."

El inicio de la nueva vida de Hilda no fue fácil. Llegó a vivir junto con otros cien niños en el orfanato, mientras que a su hermanita la tenían apartada junto con otros bebés, pues todavía era muy pequeña.

"Al principio fue triste estar lejos de mi mamá. El primer año nos separaron a mi hermana y a mí en una casa hogar y a mis hermanos en otra, porque no había cupo para todos."

Pero con el paso del tiempo, esas dificultades se convirtieron en alegrías para Hilda y sus hermanos.

"Fue bonito porque de pronto ya tenía todo lo que necesitaba: buena comida, muchos amiguitos, y en sí me acuerdo que fue algo que me ayudó a retomar mi niñez en cierto modo, porque yo ya me había acostumbrado a ser la responsable de mis hermanos. Siempre he dicho que mis hermanos y yo fuimos afortunados de tener esa oportunidad, de tener una vida un poco mejor, ir a la escuela, podernos enfocar y tener una guía en nuestra niñez."

Por la mente de Hilda nunca pasó escapar de Puerta de Fe, donde, según me dijo, su vida era feliz y plena. Pero algo siempre estuvo en su corazón como un objetivo fijo.

"Los ocho años que estuve ahí, mi meta era volver a reunir a mi familia. Mi mamá se había venido a vivir a Estados Unidos poco después de dejarnos en la casa hogar y nos comunicábamos por carta. Entonces, siempre me vi como la persona que tenía que unir a la familia otra vez.

CAPITULO XII - HILDA PACHECO MARTÍNEZ

Cuando cumplí los 16 años, sentí que era la edad suficiente para poder trabajar y ayudarle a mi mamá, así que le pedí que me firmara una carta poder para que me dejaran salir del orfanato y poderme reunir con ella. En la casa hogar me ofrecían que fuera a la universidad, ellos me pagaban y todo, pero yo no podía ver más allá de tener a mi familia reunida otra vez."

Gracias a una amiga de la familia, Hilda pudo salir del orfanatorio y se mudó a California, donde vio a su mamá después de ocho años. La experiencia fue muy emocionante, pero no sabía el reto al que se enfrentaría para sobrevivir.

"Fue muy bonito volverla a ver, porque siempre la tenía en mente, siempre anhelaba estar otra vez con mi mamá. Pero el cambio de estar en una casa hogar a estar en una casa particular y en otro país, fue impactante.

"Yo hablaba un poquito de inglés, porque los americanos nos visitaban mucho en la casa hogar y creo que me sentía un poco identificada, porque las familias que nos visitaban eran personas de Estados Unidos. A la vez fue muy difícil, porque no tenía preparación. Traté de ir a la escuela aquí, pero también tenía que trabajar y no pude hacer las dos cosas. Fui nada más como seis meses a la escuela y después tuve que dejarla y trabajar de tiempo completo para poder ayudar a mantener a la familia y reunir a todos mis hermanos y mi mamá."

Hilda comenzó a trabajar en un restaurante de hamburguesas en Santa Ana, donde habita una gran parte de la comunidad latina del sur del estado.

"Ahí yo podía hablar español, porque la mayoría de las personas que iban y compraban eran latinos y hablaban español. Luego me fui a una joyería donde una amiga me insistía que me fuera a trabajar para allá. Y ahí sí me daba un poco más de miedo, porque tenía que aprender inglés. La mayoría de los clientes eran latinos, pero varios hablaban

CAPITULO XII - HILDA PACHECO MARTÍNEZ

nada más inglés y me querían para el departamento de crédito, así que tenía que contestar teléfonos, llenar aplicaciones y me daba mucho miedo. Al final tomé el trabajo y practicando aprendí, estuve como ocho años ahí. Después me contrataron en otra empresa donde sólo se hablaba inglés, así que seguí aprendiendo y me hice de una posición en esa compañía."

En 1993, ya plenamente establecida en Estados Unidos y con su familia reunida, Hilda decidió regresar a Puerta de Fe, el orfanato que la vio crecer y que le traía dulces recuerdos. Se llevó una gran decepción.

"Habían perdido la conexión con la mayoría de las personas que donaban de Estados Unidos, porque los visionarios que estaban ahí antes se habían retirado, y en el transcurso de siete o nueve años ya habían perdido la mayoría del apoyo. Ya sólo tenían como 35 niños y apenas le podían dar de comer a todos. Eso me impactó mucho, pensando en lo bien que yo había pasado yo la vida ahí, en que mis hermanos y yo tuvimos todo lo que necesitábamos. Y al ver a estos niños que casi no tenían ni qué comer, empecé a preguntar y a buscar cómo era la situación. ¿Quién apoyaba? ¿Cómo apoyaban? Me di cuenta de que esa casa hogar, como todas en México, sobrevivía de la caridad de otras personas, y era muy importante esa conexión con las personas que pudieran ayudar."

La visita cimbró la mente y el corazón de Hilda. Regresó a Estados Unidos decidida a buscar apoyo para esos niños que, como ella, estaban siendo criados lejos de sus padres.

"Empecé a platicar con las personas con las que trabajaba, con los dueños de la compañía, y fue algo muy bonito, porque me di cuenta que hay muchas personas que quieren apoyar y no saben dónde. Al darles yo esa oportunidad, se sumaron al proyecto y comenzaron a apadrinar niños. En menos de un mes ya tenía a los cinco niños apadrinados con una cantidad mensual que les iba a ayudar con la

comida, los recibos de luz y todo eso."

Al ver la respuesta de sus compañeros y amistades, Hilda no se detuvo. Su corazón latía fuerte de saber que podía cambiar el destino de esas pequeñas almas, por lo que siguió, sin saberlo, encaminándose a su verdadera misión de vida.

"Junto con la gente que apoyaba esta causa, tuvimos más ideas: empezamos a hacer más eventos, rifas, a recaudar fondos para ayudar. Sabíamos que necesitábamos formalizarnos como organización para poder dar recibos y que la gente pudiera deducir impuestos."

Así surgió, en 1995, la fundación Corazón de Vida, con la misión de crear rutas para que más gente apoye a niños que viven en casas hogar.

"Corazón de Vida nació de un sentido de gratitud inmenso por el apoyo que se me dio a mí. En honor a todas esas personas que me apoyaron cuando más lo necesitaba, yo empecé esta misión. Ha sido un viaje increíble, se nos han sumado miles de personas al programa que han visitado a los niños, han apoyado con dinero, con tiempo, con cariño, con todo lo que se ha necesitado."

Aunque en un principio el apoyo se destinó solo a Puerta de Fe, el orfanato donde vivió Hilda de niña, con los años otras casas hogar se fueron sumando al proyecto.

"Apoyamos a diez casas hogar en Tijuana y en Ensenada. Todas están a una hora u hora y media de distancia de la línea fronteriza, para estar bien conectados con ellos. Es muy importante para nosotros darles seguimiento desde que empiezan a formar parte de Corazón de vida. Darles lo más que podamos a los niños que tenemos en estos diez orfanatos y acompañarlos."

Eventualmente, Hilda dejó los empleos que había tenido para dedicarse de lleno a conseguir recursos en Estados Unidos para ayudar a que los niños huérfanos en México tuvieran una mejor calidad de vida. La decisión no fue fácil. Para ella y su equipo, conseguir estos apoyos se convertiría en un reto de todos los días.

"El obstáculo más grande que hemos tenido que afrontar es explicar a las personas por qué sí podrían ayudar a otro país. Muchas personas en Estados Unidos dicen: '¿por qué no ayudamos a una organización local? ¿Por qué te voy a dar dinero para que lo mandes a México, cuando hay necesidad aquí?' Y siempre explicamos que en México no hay los mismos programas de apoyo que aquí. En Estados Unidos somos muy afortunados de que, si hay alguien con necesidad, generalmente hay un lugar o un programa del gobierno u otras entidades que los pueden ayudar. Siempre buscan el apoyo y hay personas y entidades que los pueden apoyar.

"En México es diferente, no hay apoyo gubernamental y hay poco apoyo de la comunidad, en parte porque no se conoce la necesidad. Lo que hemos hecho todos estos años es explicarle a quien esté interesado en donar que, siendo niños, no importa en donde estén, en Estados Unidos o en México, necesitan nuestro apoyo."

Corazón de Vida tiene tres programas centrales: el primero busca asegurarse de que los niños tengan alimento y todo lo necesario para crecer sanamente. El segundo aspira a mejorar la calidad de vida de los niños, ya sea con instalaciones o con programas de atención psicológica, médica, dental y otros. El tercero se enfoca en la educación, para que, al salir de ahí, los niños cuenten con una formación profesional.

"Nos dimos cuenta de que los niños que empezamos a apoyar de niños estaban llegando a la mayoría de edad, a la realidad de egresar de la casa hogar y salir al mundo, a buscar familia y tratar de hacer una vida. Y cuando salían sin una educación o una manera de tener un trabajo para mantenerse a sí mismos o a sus familias, a veces regresaban después con sus bebés para dejarlos en la casa hogar, porque era el

único sistema de apoyo que conocían. Entonces decidimos empezar un programa de educación continua y apoyar a estos jóvenes con universidad, con escuela técnica, con lo que necesitaran para prepararse lo suficiente para ganar bien y mantenerse en un futuro."

Comenzaron con cinco jóvenes que ingresaron a la universidad; hoy en día, más de cincuenta están estudiando o acaban de terminar una carrera universitaria. Con mucho orgullo, Hilda me contó que entre los graduados hay una enfermera, un contador, una psicóloga y una licenciada en mercadotecnia. Cada uno de ellos tiene un trabajo muy bien pagado.

Una de las historias de superación más destacadas de estos jóvenes es la de una chica que estaba estudiando la carrera de medicina veterinaria.

"Ella es nacida en Estados Unidos, pero a los 4 años su mamá se la llevó a México y eventualmente la abandonó; ella se quedó con su abuela, quien la maltrataba mucho. Llegó a casa hogar porque un día la abuela casi la mata. Se enojó porque no limpió los trastes bien, le reventó una taza en la cabeza y casi la mata. Los vecinos llamaron a la policía, de ahí se la llevaron al DIF [Sistema para el Desarrollo Integral de la Familia, el organismo que coordina y promueve la protección de los derechos de las infancias], y este la condujo a una casa hogar. Es una niña que ha crecido con la adversidad de que la persona que la debió de haber querido más en el mundo la maltrató de esa manera.

"Vivió en varias casas hogar, porque se escapaba de la mayoría, no aguantaba. Llegó a una de las casas hogar de Corazón de Vida cuando estaba muy jovencita; la conocimos, platicamos mucho con ella y la empezamos a guiar. Ella se dio cuenta de que era una oportunidad de salir adelante. Me impactaba mucho su historia, porque se parecía mucho a la mía. También tenía en su corazón el deseo de ayudar a sus hermanos, de tener a su familia reunida otra vez, y la hemos ayudado a darse cuenta de que prepararse le va a permitir ayudar a sus hermanos

CAPITULO XII - HILDA PACHECO MARTÍNEZ

en el futuro. Sus hermanos son más chicos, están todavía en casa hogar, y ella está viendo la manera de salir adelante para ayudarlos."

Hilda me confesó que este tipo de historias la conmueven y le dejan la enorme satisfacción de saber que, a través de su fundación, está contribuyendo a cambiar el destino de tantos niños y jóvenes que no recibieron apoyo de sus familias. Se esfuerza por hacer conscientes a estos chicos del agradecimiento que deben tener por el apoyo que reciben de diferentes personas.

"Lo bonito que yo veo en un futuro es que con todos estos jóvenes que siguen en el programa de Corazón de Vida hemos tenido más oportunidad de que vean directamente de dónde vino su apoyo. Cuando estás en casa hogar es un poquito más difícil, hay varias personas apoyando y a veces no lo ves, estás chico y sólo sabes que tienes tus tres comidas al día. Aquí hemos tenido la oportunidad de traer a varios de nuestros jóvenes a los eventos de recaudación, para que puedan decirles personalmente "gracias" a las personas que han aportado. Cuando yo pienso en ese granito que yo sembré hace muchos años en honor a esa gratitud, imagínate ese granito multiplicado por cada uno de nuestros jóvenes que están y van a entrar en nuestro programa de educación continua. Es increíble nada más saber lo que el futuro va a traer para Baja California, para todos los niños de casa hogar y para cambios en el gobierno también en un futuro, para poder apoyar."

Ver a estos jóvenes triunfar, tener una educación y una buena calidad de vida para ellos y sus familias, hace a Hilda sumamente feliz y representa un éxito en su vida. Se dedica a algo que le permite vivir cómodamente, y también ayudar a los demás y cumplir una y otra vez su más anhelado sueño desde que era niña.

"Yo soy una persona que siempre está buscando la manera de crear familia, por lo mismo que no tuve cuando estaba más pequeña. Corazón de Vida se ha convertido en una familia y apoyamos a todos

los niños y jóvenes que son parte de ella. Yo me veo siguiendo esa tradición, y cada año la familia va creciendo."

La misión de vida de Hilda Pacheco me conmovió profundamente el corazón. Cuando hice esta entrevista todavía no tenía a mi hijo Andrik, y aun así pensaba en la enorme labor y responsabilidad que significa cambiar el presente y el futuro de niños que probablemente estaban destinados a una vida complicada, rodeada de oscuridad, peligros y falta de amor.

Cuando vuelvo a escuchar su historia y sus palabras, se me hace un nudo en la garganta al pensar en cada uno de esos niños que, sin tener culpa alguna, sufrieron el rechazo y abandono de sus familias. Ahora que soy mamá, no puedo ni siquiera imaginar estar lejos de mi hijo, pero respeto las decisiones y entiendo que las circunstancias de esos padres y madres tuvieron que ser muy difíciles para despegarse así de sus hijos. Sobre todo, agradezco que existan personas como Hilda para ofrecerles una oportunidad de ser buenos seres humanos, agradecidos y capaces de ayudar siempre a los que están a su alrededor.

CAPITULO XII

ANA FLORES
La primera bloguera latina exitosa en Estados Unidos

Mi historia con Ana Flores se remonta al año 2005, cuando me fui de la Ciudad de México para vivir en Playa del Carmen, una pequeña ciudad en la costa del Caribe mexicano. Conseguí trabajo en una agencia de bienes raíces y un día, al poco tiempo de que había comenzado, Ana entró por la puerta. Se presentó como la directora editorial de la revista In Playa.

Su visita era para ofrecer espacios de publicidad en ese medio impreso, pero yo no perdí la oportunidad de contarle que había estudiado la carrera de Comunicación y de preguntarle si había posibilidad de colaborar escribiendo algún artículo. Con la frescura y el carisma increíble que la caracterizan, me dijo que en la revista estaban buscando a alguien que se encargara de la coordinación editorial, y que yo le parecía perfecta para el puesto.

Me emocioné muchísimo; no podía creer que había encontrado un trabajo relacionado con mi carrera y además estaba viviendo en un paraíso tropical. Después de algunas entrevistas, comencé a trabajar en In Playa, siempre de la mano de Ana.

Pero el 21 de octubre de ese mismo año, el huracán Wilma –el más potente de la historia en el Atlántico hasta entonces– azotó la costa también conocida como Riviera maya.

Los pobladores de Playa del Carmen están acostumbrados a los huracanes y los consideran una "poda" de la naturaleza, pero Wilma fue una experiencia devastadora que dejó daños por 22 mil millones de dólares. También me alejó de Ana, quien emigró a Los Ángeles, si bien nuestra amistad prevaleció y seguimos en contacto a través de las incipientes redes sociales y nos volvimos a encontrar en esta ciudad once años más tarde.

Conociendo la trayectoria de Ana como empresaria, impulsora de la educación bilingüe y una de las primeras blogueras latinas, no dudé en contactarla para que formara parte de Latinas de Éxito. En la entrevista le pedí que me contara de su lugar de nacimiento y su niñez, que definieron su misión y su vocación en la vida.

"Nací en Estados Unidos, en Houston. Mis padres son salvadoreños, pero cuando tenía yo 6 años se divorciaron y mi mamá tomó la increíble decisión de regresarse a El Salvador conmigo y con mi hermana. Crecí en una escuela bilingüe y regresaba todo el tiempo a Estados Unidos para ver a mi papá y a mi familia. Eso me hizo una mujer completamente bicultural, entendía ambas culturas desde adentro y aprendí ambos idiomas; puedo hablar perfectamente inglés y español, no sé cuál aprendí primero."

Ana vivió en El Salvador durante la guerra civil, que duró de 1979 a 1992 y enfrentó a las fuerzas del gobierno con los insurgentes del Frente Farabundo Martí para la Liberación Nacional. Ana considera que fue privilegiada, a diferencia de muchos salvadoreños que sufrieron las consecuencias de la guerra.

CAPITULO XIII - ANA FLORES

"Yo conocí muy poco de mi país, porque nos podíamos mover en muy pocas zonas. Sabíamos que ciertos lugares estaban tomados, entonces realmente estábamos en una burbuja en la capital y en ciertas playas y algunos volcanes que quizás podíamos ir, pero no podíamos movernos mucho. Recuerdo que escuchaba bombas con frecuencia, escuchaba de secuestros de amigos, de familiares de amigos, todo eso era normal. Mis abuelos eran exmilitares, uno coronel y otro general. Mi recuerdo más fuerte fue cuando yo tenía como 7 años; en ese entonces estábamos viviendo con mis abuelos. Mi abuelo, el exgeneral, tenía una parte de la casa llena de uniformes viejos, de rifles, de armas, como colección, más que como otra cosa. Y de alguna manera se enteraron, y ese día yo estaba en la casa enferma y no en la escuela, como debería de estar. Entonces entraron a la casa y sólo me acuerdo que yo estaba sentada en el sofá viendo televisión y un hombre enmascarado me agarró y me tenía apuntada con el arma. Recuerdo que me puse nerviosa y sólo le dije: 'por favor no me vaya a matar'. Luego vi cómo sacaron a mi abuela del cuarto, sacaron a mi mamá del cuarto, los tenían encañonados a todos."

Esta experiencia marcó a Ana. Y en 1989, cuando estudiaba el último año de la universidad, se recrudeció la violencia y vivir en El Salvador se volvió más difícil.

"Fue la ofensiva a la capital y ahí sí fue destrucción total. Yo veía los aviones volar encima de mi casa, cómo abrían, sacaban las bombas, las tiraban; amigos que estaban bombardeándoles a un lado, un maestro de la escuela se murió, y al final sí me tocó vivir un momento muy fuerte."

Un año después, Ana emigró a Estados Unidos. Una de las razones para dejar su país era esa violencia que veía por doquier, pero algo más poderoso la hacía soñar.

"Me fui de El Salvador porque sentía que mis ambiciones no las podía llevar a cabo ahí. No entendía del todo cuáles eran, pero quería trabajar en televisión, en producción, y sabía que había más cosas que podía aprender."

CAPITULO XIII - ANA FLORES

Esa ambición llevó a Ana hasta la Universidad de Texas, donde estudió producción de televisión. Pero siguiendo los pasos de su novio de la época, cambió su destino y llegó a Florida, donde terminó la carrera y pudo alcanzar su sueño.

"Yo decidí que mi primer trabajo tenía que ser en Univision. Era 1994 y yo quería ser parte de la cultura latina en los medios, que no existía en ese momento. Ricky Martin ni siquiera había salido en los Grammys."

Las instalaciones principales de Univision están en Miami, de modo que Ana estaba geográficamente cerca de su sueño. Pero los caminos para llegar no eran tan sencillos. En esa época no existían las facilidades que existen ahora para contactar a una televisora o estación de radio. Pero su deseo era tal, que perseveró por todas maneras posibles.

"No tenía conexiones en Univision, no conocía a nadie. Yo me ponía a ver el noticiero, veía Sábado Gigante, veía el show de Cristina, y cuando aparecían los créditos yo apuntaba los nombres de los productores ejecutivos y les mandaba cartas diciéndoles: quiero hacer una pasantía con ustedes. No tenían ni siquiera programa de pasantía ni nada. Hasta que uno por fin me dijo: 'ya vente, te voy a entrevistar'. Así que manejé cinco horas hasta Miami, me entrevistaron y me dijeron: 'no tenemos nada, pero si quieres vente el verano y aquí te ponemos a hacer algo'. Y me acuerdo perfectamente el primer día que conocí a Jorge Ramos y que fue un tipazo y que me empezaron a abrir las puertas. Yo me la pasaba todo el día en el noticiero, en Primer Impacto, en todas las producciones."

Así, Ana fue aprendiendo todo sobre la producción de televisión, pero le faltaban aún dos semestres para graduarse. Cuando por fin terminó la carrera, llegó la oportunidad que estaba esperando.

"Una de las productoras me dijo: 'tengo un puesto ahorita mismo en mi equipo ¿cuándo te gradúas?' Y a la semana ya estaba trabajando en Miami, en Univision, en un programa que se llamaba De Película.

Después entré a Despierta América, estuve con las producciones en vivo, los Premios Lo Nuestro, lanzamos un show que se llamaba El Blablazo."

En este último programa, Ana empezó a viajar a México para hacer entrevistas y acudir a eventos del medio artístico mexicano. Y ese país conquistó su corazón.

"Me enamoré de México y cada vez que iba, sentía que dejaba algo atrás. Así que agarré la locura y renuncié a mi trabajo en Univision para irme a vivir allá. Mis jefes me dijeron que no me querían perder y que entonces me contrataban en México, en dólares. Y en ese entonces Univision no tenía oficinas en México, sólo una casa donde hacían noticieros, donde hacían deportes.

"Así que yo me volví como la productora de entretenimiento para ellos allá. [La cadena de televisión mexicana] Televisa me abría las puertas para que yo entrevistara artistas, mandaba artistas para Sábado Gigante y el Gordo y la Flaca."

Vivir en la Ciudad de México fue uno de los retos más grandes de su vida. No conocía a nadie, y ser una mujer mitad salvadoreña y mitad norteamericana, preparada para el puesto que ocupaba, provocó el rechazo de sus compañeros de trabajo. Sin embargo, fue una de las mejores enseñanzas que pudo tener:

"Me enseñaron una fortaleza en mí que no sabía que existía. Y fue la primera vez que, sin saberlo, estaba siendo emprendedora. Fue mi primer momento de empresaria, tenía mi pequeña oficinita, tenía dos chicas trabajando conmigo, etcétera. Pero hubo unas cuantas traiciones, hubo cosas que no salieron bien y decidí dejar el mundo de la televisión."

Con el corazón adolorido por los golpes que recibió, Ana decidió cambiar por completo su rumbo y regalarse "dos años sabáticos" en los que se dedicó a conocer México y a sanar sus heridas emocionales.

"Tuve un embarazo ectópico y casi me muero. Pasaron muchas cosas que me hicieron despertar de otra manera. Después de esos dos años, decido que quiero regresar a trabajar en televisión, pero de otra manera, probar algo nuevo, y empiezo a buscar trabajo en MTV Latinoamérica. Y de pronto, sin esperarlo, un amigo de Miami me habla y me dice que me quiere presentar a la vicepresidenta de producción de MTV, pues están buscando a alguien en México para trabajar. Al mes ya estaba trabajando con ellos."

El destino le daba a Ana no sólo una nueva oportunidad para trabajar en lo que más le apasionaba, sino también en el amor. En la producción de MTV conoció a quien fue su esposo y es el padre de su hija, Alan. Después de casarse, ambos renunciaron al trabajo y se fueron a vivir a Playa del Carmen.

"La idea era quedarnos ahí, pero llegó el huracán Wilma y nos tocó vivirlo en Cancún. Yo estaba manejando la revista In Playa y dependía de clientes, y cuando los clientes están en plena destrucción y tratando de reconstruirse, no están invirtiendo en publicidad. Entonces entramos en una época difícil y coincidió que la gente con la que yo había trabajado en MTV nos volvió a buscar para trabajar en Los Ángeles, así que tomamos la decisión de mudarnos nuevamente."

En 2007, Ana dio a luz a su única hija, Camila, y con eso todos sus planes volvieron a cambiar.

"Es una historia de recesión y de mamá nueva. Tengo a mi hija y yo decido que quiero ser mamá, porque sé lo difícil y complicados que son los tiempos de producción. A mi marido le estaba yendo muy bien, él es editor de televisión. Nace mi hija en agosto del 2007 y por ahí de mediados del 2008 nos pega la recesión súper fuerte y mi esposo empieza a perder a todos sus clientes. Un mes después de que yo ya había dicho que no iba regresar a trabajar, mi marido tiene que cerrar su estudio de edición y de pronto nos quedamos en la nada."

CAPITULO XIII - ANA FLORES

Con la familia de Ana en El Salvador y la de su esposo en México, el panorama comenzó a complicarse para encontrar quién les pudiera cuidar a su hija Camila. Ana empezó a buscar información en internet para saber cómo cuidar a su bebé y se encontró con varios blogs de mamás primerizas igual que ella, pero todos escritos en inglés.

"No encontré blogs de mamás latinas como yo, que estaba buscando información o al menos un buen libro en español para mi hija. Y la pregunta era: ¿le hablo en español o no? Esa conversación no la encontraba en ningún lado. Veo que hace falta eso, que yo estoy sin trabajo, buscando así fuera de mesera o en algún local de un centro comercial. Y, aun así, no iba a ganar lo suficiente para que alguien cuidara a mi hija. Tampoco había trabajo en el mundo de la televisión, porque todo estaba en crisis."

Ana tuvo que echar mano de la creatividad desde casa, sin descuidar a su hija. Así comenzó lo que después se convertiría en su vocación e inspiración.

"Se me ocurrió entonces crear un blog que se llamaba Spanglish Baby, que iba a ser un lugar donde las madres y padres que estamos criando hijos bilingües y biculturales podíamos encontrar los recursos y la comunidad que necesitábamos. Llamé a la que era mi mejor amiga, nos conocíamos desde la universidad, ella también había trabajado para Univision, había ganado Emmys para Aquí y Ahora, y pensé: ella escribe súper bien, es reportera, que me ayude y lo hacemos entre las dos. Lanzamos Spanglish Baby en febrero de 2009 y se volvió una sensación casi inmediata. Empezamos a crear comunidad entre otras blogueras mamás latinas que estaban saliendo en ese momento."

Enseñar a los padres latinos que podían criar a sus hijos de manera bilingüe no fue fácil. Ana asegura que en este camino descubrió que había mucha incertidumbre entre las mamás y los papás.

"Me encontré con mucho miedo al principio, porque hay mucha desinformación. Hasta hace menos de diez años, realmente la gente

pensaba que los niños se iban a confundir si se les hablaba en dos idiomas desde que nacían. Y es completamente al revés, porque desde los cero (y digo cero porque desde que están en la pancita) hasta los 7 años el cerebro del niño es como una esponja y está absorbiendo la mayoría de sonidos que están a su alrededor, y eliminando los que no necesita. Mientras más escuche ciertos sonidos, más se va a quedar con esos sonidos y los va a poder repetir. Lo que la gente no entiende es que para tener éxito en este país necesitas tener los dos idiomas."

Ana aplicó todos sus conocimientos con su hija Camila, quien puede considerarse totalmente bilingüe.

"El que mi hija sea completamente bilingüe no quiere decir que hable perfectamente el inglés ni el español, pero va a llegar ese punto. A veces es difícil si la comparas con otras niñas que hablan solamente inglés, van a decir que está muy atrasada en cómo habla o cómo escribe, pero es porque su cerebro está absorbiendo el doble de información. Pero ha sido una maravilla el que tenga esa conexión directa con su familia, pues, aunque mi familia habla inglés, no es el idioma natural para ellos, sino es el lenguaje del amor de ellos. Es maravilloso que ella pueda ir a El Salvador o a México y no sentirse una extraña."

Otro de los temores que Ana encontró entre los padres latinos fue que sus hijos pudieran ser discriminados por hablarles en español en público.

"Creo que en estos tiempos [la entrevista se realizó en 2017] es más difícil y te confieso algo: aun viviendo en Los Ángeles, me he cachado haciendo lo mismo, cambiándome al inglés cuando estoy con ella en algún lugar donde no me siento segura. Entiendo que es válido, pero ahí es donde se le va demostrando al niño cómo puede tener y necesitar más que nunca ese orgullo por sus raíces, por su cultura, por su idioma. Porque realmente eso es lo que quieren ciertos grupos, que dejemos eso atrás por el miedo."

Cuando Ana arrancó Spanglish Baby, el mundo de los bloggers no era tan amplio como ahora. Ana estaba innovando en un rubro que prácticamente no existía, menos en español.

"Ahí yo como creadora de contenido encuentro por fin un medio en el que puedo dejar mi esencia. Es algo que yo puedo controlar, porque tengo una idea y no hay nadie que me diga que no se puede o que no tengo presupuesto, porque no tenía ni presupuesto, lo lanzamos sin un peso. Íbamos solas aprendiendo cómo se sube una foto, cómo se controla el tráfico de personas, no había nadie que te enseñara eso. Y me volví bloguera."

Al principio, Ana no ganó dinero con su blog. Pero le gustó tanto poder aportar contenido y compartir con otras mamás que estaban viviendo lo mismo que ella, que, junto con su esposo, decidieron arriesgar y darle tiempo al proyecto para ver si daba resultados económicos. El mayor impulso lo obtuvo a través de la red social Twitter.

"Al año y medio de Spanglish Baby hago mis primeros 40 dólares. La manera en que se monetizan las redes sociales es a través de marcas. Las marcas te pagan a ti para hacer una colaboración en que tú pruebes su producto, lo menciones, te tomes fotos, hagas una receta, lo que sea. Y todo es transparente, tú tienes que decir que te están pagando por eso. Lo primero que hice fue una receta de tacos de pescado y me pagaron 40 dólares y fui muy feliz. Las otras mamás blogueras de mi alrededor se impresionaron de que yo había ganado dinero y querían saber cómo hacerlo ellas también, y empecé a ayudarles."

A partir de ahí, siguieron llegando las propuestas para que Ana promoviera distintos productos en su blog. Uno de esos clientes le envió un correo electrónico poco profesional, a lo que Ana respondió para darles una lección.

"La gente no entendía si éramos prensa o éramos medios y les sugerí que, con blogueras, las propuestas tenían que ser diferentes. Y les

gustó tanto que me contrataron como consultora para una marca reconocida. Ahí empecé a darme cuenta de que podía ayudarles a las marcas que estaban tratando de entender cómo trabajar con este nuevo medio que se estaba volviendo tan importante para acceder al público latino. Era el 2010 y acababa de salir el censo y mucho del dinero de publicidad se estaba moviendo hacia multicultural y cómo atraer a los latinos. Y la gente estaba tratando de entender qué significa crear publicidad y marketing a través de las redes sociales."

Fue tanta la fascinación de Ana por los medios digitales, y tan grande la respuesta de los clientes interesados en esta nueva forma de comunicarse con sus clientes, que supo que tenía que dar un paso más para crear una plataforma más grande y comprometida con la comunidad latina.

"En noviembre de 2010 lancé Latina Bloggers Connect, la primera r en Estados Unidos para conectar a marcas con las blogueras latinas. Somos como el intermediario entre la marca y la bloguera y manejamos todo para la marca, desde trabajar concepto con ellos o nada más activar, manejarles el reporte, pagarles a las blogueras. Nuestro primer cliente fue Sprint y de ahí sólo tenemos de clientes a marcas reconocidas y seguimos siendo la red más grande de blogueras, youtuberas e influencers para latinas en Estados Unidos."

En 2016, Ana y sus colaboradoras decidieron cambiar el nombre de esta red a #WeAllGrow Latina Network, a raíz de una frase que escribió Ana como un slogan de la compañía.

"Cuando lancé la compañía escribí un artículo, donde terminé diciendo: "When one grows, we all grow" ("Cuando una crece, todas crecemos"). Era parte de mi misión en mi comunidad que, si yo ya estaba accediendo a poder trabajar con clientes, accediendo a más información, mi tarea era seguirlo compartiendo. Y mientras cada una iba creciendo, esa era la tarea de la otra, jalarla para arriba. Esa ha sido desde el primer día y seguirá siendo siempre la misión de la compañía."

Con este objetivo en mente, cada vez más mujeres latinas comenzaron a acercarse a #WeAllGrow, desde influencers de belleza y de moda hasta mamás y blogueras de comida.

"Empezamos a darles una voz y a hacerlas sentir importantes. Imagínate que después de meses o años escribiendo tu blog, de pronto te cae tu primer pago. Eso te valida, te hace sentir importante. Pero además del pago, es tener la comunidad que sigue a esas mujeres: ¿por qué las siguen? ¿Por qué alguien dedica su tiempo a seguir a cierta persona o a la otra? Entonces ahí se me va creando una responsabilidad en tus palabras, en lo que estás transmitiendo. En cómo nosotras como mujeres latinas nos estamos dando a conocer al resto del mundo."

Ana asegura que a través de estas mujeres se está escribiendo una nueva historia del paso de la mujer latina por el mundo, pues ya no hay que esperar a que los medios tradicionales reflejen la realidad de ese grupo.

"Los medios no están representando a las latinas, y hay muchísimos estudios de que las mujeres estamos muy mal representadas enfrente de la cámara, detrás de la cámara o en libros. Las redes sociales nos han permitido a nosotras tomar control de eso, escribir acerca de lo que nos importa, poner nuestra voz allá afuera, elevar nuestras voces, apoyarnos a seguir creciendo como empresarias, como escritoras, como creadoras de contenidos. Ahora tenemos ese poder en nuestras manos. Nosotras como compañía podemos ayudarlas a encontrar ese camino y a juntarlas a través de las conferencias que hacemos, a través de los grupos que tenemos en Facebook, en distintos lugares, a poder conocerse y a seguir emprendiendo, seguir su camino."

Ana asegura que, aunque suene trillado, han sido pocos los obstáculos que ha encontrado entre las mujeres con las que trabaja y convive todos los días, pues entre ellas hay una gran armonía.

"Han sido hombres los que nos han querido sacar del camino, porque se han dado cuenta que es un buen negocio, que es una comunidad

linda. Entre nosotras, te lo juro que ha sido un apoyo y una hermandad que se siente cuando vas a una de las conferencias. Siempre va a haber alguien que no entra en la energía, pero en general todo es una energía de apoyo, de querer aprender la una de la otra."

Ana ha sido testigo de la enorme evolución que han tenido las redes sociales. Como una de las pioneras latinas en formar comunidades digitales, ha sabido adaptarse al medio; hoy, la idea que un día llegó a su mente de crear un blog para empoderar y reunir a mujeres latinas en Estados Unidos se ha convertido en una industria que genera empleos, reúne a más de 22 mil mujeres latinas y tiene un impacto hasta en más de 10 millones de usuarios mensualmente.

"Cuando yo lancé la plataforma, el término influencer marketing no existía y ahora es una industria multimillonaria ya con Silicon Valley metido, tecnología y todo. Y nosotros somos una compañía en la que yo he decidido crecer más lento, pero vamos muy bien. No me interesa ser multimillonaria de la noche a la mañana, esa no es mi intención. La competencia que tenemos es mucho más agresiva en querer quitarnos clientes o darnos mala reputación, pero no lo han podido lograr. Creo que cuando haces las cosas de corazón y cuando haces las cosas de la intuición y lo haces bien, estás protegida, y esa misma comunidad es la que siempre te va a proteger porque saben quién eres."

En los años que llevo conociendo a Ana, no he dejado de admirar su enorme disciplina, su tenacidad por saber más, por alcanzar la perfección, sin perder esa elegancia y delicadeza que imprime en todo lo que hace. Nunca olvidaré la guía que me dio cuando entré a trabajar a In Playa, y cuando ella se fue, recuerdo muy bien que me dijo: "Vas a quedar como directora editorial de la revista". Yo, muy asustada, le respondí: "Pero yo no sé cómo ser directora editorial". Me sonrió y me dijo: "Vas a aprender y lo vas a hacer muy bien". Efectivamente, tomé el puesto y las riendas de la revista sin la experiencia necesaria, lo cual significó un enorme aprendizaje que me dejó muchas satisfacciones.

CAPITULO XIII - ANA FLORES

Pero sólo trabajé ahí unos meses más pues, al igual que Ana, mi deseo por dedicarme a la televisión me llevó a dejar Playa del Carmen para regresarme a vivir a la Ciudad de México, allá por el año 2006.

Ana es una de esas mujeres que han labrado el camino para que las siguientes generaciones de latinas lleguemos a cumplir nuestros sueños y a seguir un ejemplo como el de ella, una líder, una gran mamá, una pionera, una inspiración: una latina de éxito.

CAPITULO XIII - ANA FLORES

CAPITULO XIV

LUZ MARÍA DORIA
La niña miedosa que llegó a ser la mujer de sus sueños

Podría decir que mi primer encuentro con Luz María Doria fue un evento mágico. A principios de 2019, mi representante artístico, Luis Medina, me habló para decirme que la productora del programa Despierta América, de Univision, vendría a Los Ángeles a presentar su libro Tu momento estelar en la Biblioteca de Santa Ana, y él quería proponerme para presentarlo con ella.

Mi corazón se detuvo de la emoción, pues Luz María me parecía una mujer sumamente interesante, imponente y sabia. Respondí que sí, y al poco tiempo, ella misma me hizo llegar su libro con un agradecimiento escrito de su propia mano.

CAPITULO XIV - LUZ MARÍA DORIA

Me preparé leyendo el libro de Luz María (Luzma, como le dicen de cariño) y varias biografías suyas. Escribí un texto con mis reflexiones para leerlo durante la presentación, y ese día, unos momentos antes, Luis nos presentó en la sala de la biblioteca en la que nos recibieron.

La conexión con Luzma fue inmediata, sentí que la conocía de toda la vida. Unos días antes yo había anunciado públicamente que estaba embarazada de mi hijo Andrik, así que en cuanto me vio me abrazó, me volteó a ver la panza y me dijo: "Tú sí que estás viviendo tu momento estelar". Después de reírnos e intercambiar algunos regalos, constaté que en su nombre lleva el significado de su esencia: Luz María realmente ilumina cualquier espacio en el que se encuentra. Su trayectoria en los medios de comunicación ha inspirado a varias generaciones que la admiramos y la vemos como alguien que ni siquiera ella misma supo ver cuando era niña. Por eso decidí invitarla a formar parte de Latinas de Éxito y conocer más su historia.

La mujer que comanda uno de los programas más exitosos de la televisión hispana desde hace más de veinte años tiene un origen sencillo, y nunca lo olvida.

"Nací en Cartagena de Indias, Colombia, una ciudad bellísima, yo creo que la más linda de mi país. Nací de una familia que no era de ahí, era 'paisa', de Medellín, del interior, que se vinieron a Cartagena. Mi mamá vino muy chiquita, conoció a mi papá, que estudiaba medicina, aunque nunca se graduó. Se enamoraron, se casaron y se vinieron a vivir a Miami. Mi mamá era muy valiente, pero mi papá no. Y mi mamá le dijo: 'quedémonos viviendo aquí en Miami, no hay que regresarnos a Colombia'. Y se quedaron, obtuvieron la residencia, imagínate cómo sería la época aquella hace 56 años. Y cuando mi mamá queda embarazada, le dice a mi papá: 'hay que regresarnos a Cartagena'.

"Se regresaron a Cartagena y yo nací allá. Fui una niña muy consentida, era hija y nieta única. Era de las que le decían: 'cuidado, no te vayas a caer, no te subas al columpio porque te puedes enfermar'. Yo creo que por eso resulté miedosa, porque, aunque mi mamá era muy valiente, me sobreprotegieron mucho."

CAPITULO XIV - LUZ MARÍA DORIA

Luz María se describió como una niña miedosa y tímida, pero que siempre supo que quería dedicarse al periodismo. Eso le resultaba contradictorio, pues los periodistas requieren de mucha valentía para hacer su trabajo y ella, por muchos años, no se consideró valiente. Pero sabía que tenía un don que la podía llevar hasta alcanzar sus sueños.

"Siempre supe que mi fortaleza era escribir, y eso lo cuento porque hay veces que uno peca de decir: me dicen que sirvo para esto, pero mejor no. Yo sí sabía que escribía bien, porque me buscaban siempre en el colegio las monjas cuando querían hacer algún acto o algo y me decían: 'Luzma, por favor, escríbenos esto o aquello.'"

Y fue el periodismo escrito el que despertó en esa pequeña y tímida niña la pasión por su oficio. Luzma siempre fue una ávida lectora y tenía un ritual especial.

"Me encantaba leer el periódico y leer los créditos de quién había hecho tal o cual entrevista. Me imaginaba su vida, sentía una pasión por descubrir cómo esa persona había logrado escribir eso. Y me encantaban las columnas de opinión. De hecho, yo entré al colegio y ya sabía leer, porque mi mamá me había enseñado en la casa. En esa época no había una edad para entrar a estudiar y yo me gradué muy jovencita, me gradué de 15 años y medio de high school, del colegio."

Luzma se encontraba en plena adolescencia. Era sumamente estudiosa y apegada a su familia, pero sentía que algo le faltaba. Cuando le pregunté por su vida de jovencita en Colombia, fue tajante y graciosa, con la naturalidad que se expresa siempre.

"Aburridísima. Te lo juro, no pasaba nada, yo creo que por eso era tan lectora. Cartagena ahora es una ciudad cosmopolita, pero en ese entonces era el destino turístico de Colombia. Es una ciudad muy linda, pero sólo se veía animada en diciembre y en julio. De resto, había dos teatros y no pasaba nada. Y yo era muy calladita, muy introvertida, entonces sí me pasaba la vida en mi cuarto leyendo, viendo televisión. Pero no hay nada como que yo me acuerde de esa época que yo te diga: 'hey, me acuerdo que me encantaba tal cosa'".

Le pregunté si tenía algún pretendiente que la entusiasmara. Me contestó que no, que ella no tuvo novio mientras vivió en Cartagena, y me explicó por qué no tuvo éxito con los muchachos de la escuela.

"Es que yo era horrorosita, te lo juro, era horrible, entonces era como que la pobre Luzma no tenía para dónde. Cuando salió la telenovela Yo soy Betty, la fea, yo me sentí identificada porque Betty era como una Luzma: yo era de frenillo, de gafitas, muy buena estudiante, yo no di problema. Soy la única colombiana que no bebe, yo nunca he bebido, me encanta comer, pero no me gusta beber. Recuerdo mi niñez con una nana maravillosa que se llamaba Tatati, que me enseñó a bailar y me hacía una comida deliciosa, y con unos papás y unos abuelos que me querían muchísimo y me daban mucho gusto. Pero no tenía primos que vinieran a visitarme, y por eso era una niña solitaria."

Casi a los 16 años, Luz María tomó la decisión de mudarse a Miami para estudiar periodismo. Pero ya antes de dejar Cartagena tenía una ilusión: conocer a su ídolo, a la persona que más admiraba en ese momento: la periodista cubana Cristina Saralegui.

"Cuando tenía 12 o 13 años descubrí a Cristina Saralegui a través de la revista Cosmopolitan. Ella era la directora y escribía su carta editorial, que me acuerdo que se llamaba "Nuestro Mundo Cosmo", y volvemos a la misma historia. Me enamoré de esa persona que escribía y que de esa manera me invitaba a ser más valiente, más poderosa, a pensar que yo podía convertirme en lo que quisiera. Así que hice todo desde Cartagena: apliqué para que me dieran el cupo en la universidad, me aceptaron. Tuve que ir a Bogotá a que me dieran la visa y fíjate que a pesar de ser yo tan miedosa, no sé de dónde saqué valor para tomar esa decisión de venirme para acá, porque mi mamá me apoyó, mi mamá me dijo: 'yo me voy contigo'."

Para una persona introvertida y miedosa, como se describe Luzma, mudarse a vivir a otro país era un gran desafío, no por ello menos emocionante.

"A mí la ciudad de Miami me atraía muchísimo, me hacía mucha ilusión estudiar aquí y además me atraía mucho porque, como yo tenía esta impresión de que en Cartagena no pasaba nada y en Miami sí, tenía esa ilusión de que iban a empezar a pasarme cosas."

Efectivamente, el cambio de país trajo para Luzma la cristalización de sus sueños. Entró a estudiar la carrera de Comunicación y Artes en la Universidad de Barry, en Miami, y la vida tranquila de Cartagena se transformó en otra cosa.

"Me gustaba mucho esa vida, yo cogía tres buses para ir al a universidad, no tenía carro y me hacía mucha ilusión vivir aquí. Luego mi papá me regaló un carro como a los seis meses, imagínate, yo ya tenía 16 años, manejaba, vivía en un apartamento, mi mamá vivió los primeros meses conmigo, y estar expuesta a lo que era Estados Unidos, al sueño americano, era fascinante."

Esa vida en Miami no sólo le trajo ese sueño americano que tanto anhelaba: también le trajo el romance. Luzma, ferviente católica, conoció a su esposo, Franklin Arévalo, un ingeniero mecánico, en la misa a la que acudía todos los domingos.

"Yo he sido toda la vida muy rezandera [religiosa] y soy la única en mi familia. Y mi esposo iba a la misma iglesia que yo, los dos vivíamos en Miami Beach. Un día que venía regresando de pasar Navidad en Cartagena, me senté en la iglesia y veo que este hombre cruza toda la banca, pidiendo permiso hasta que se sentó al lado mío. Era un 15 de enero y cuando iba a dar la paz, me dijo: 'feliz año'. Y yo dije: ¿y este por qué me está diciendo feliz año en 15 de enero? Después me enteré de que él ya me tenía vigilada, y como me le perdí toda la época de Navidad y finales de diciembre, él regresó a la iglesia hasta que me volvió a ver, y me esperó cuando se acabó la misa y me dijo: 'cada domingo vienes más bonita'. Ya ahí no estaba tan feíta como chiquita, ya traía lentes de contacto, el pelo era otra cosa, etcétera. Y el siguiente domingo fui con una amiga, yo tenía 22 años y la llevé para

que lo viera. Y saliendo de misa él nos invita a tomar un trago y yo le dije que yo no bebía, entonces me dijo que fuéramos por un helado y fuimos y nos caímos muy bien. Tan bien nos caímos que al año y medio nos estábamos casando."

Pero el objetivo profesional de Luzma siempre estuvo claro y su esposo fue el compañero ideal para la aventura que le esperaba. Su objetivo lo pudo lograr gracias a un amigo de la familia de Luzma llamado Fernán Martínez.

"Él era el press manager de Julio Iglesias, y cuando me iba a graduar le dije: 'Fernán, yo necesito que me consigas una cita con Cristina Saralegui'. Fernán no es el tipo de persona que haga esos favores, él es tímido, no le gusta, y fíjate cómo me conecta con ella y yo conozco a Cristina en un momento en el que nadie la conocía, porque era una señora que dirigía una revista; tenía sus seguidores, me imagino, pero no era el personaje en el que se convirtió después."

Cristina Saralegui contrató a Luzma como reportera de Cosmopolitan. Fue cuando su vida, dice, comenzó a ser totalmente feliz.

"Yo llegaba a esa oficina y me quería pellizcar. Yo creo que uno no puede perder nunca esa pasión por llegar al trabajo y sentir eso que yo sentía en mis primeros días de empleada. Fue muy importante y bonito tener ese primer trabajo por varias cosas: la primera, porque aprendí a comunicarme en un idioma que todo el mundo entiende, y porque entendí la importancia de la audiencia. Cristina siempre nos enfatizaba: ustedes tienen que conocer quién es su audiencia, a quién van dirigidos. En ese momento, Cosmo iba dirigida a una mujer que quería superarse, a una mujer que ni siquiera quería competir con el hombre, simplemente quería ser autosuficiente.

"Entonces nadie hablaba de empoderamiento femenino ni nada de eso, pero Cristina fue una adelantada a su época. Incluso la revista en inglés era mucho más superficial que la edición en español. Cristina le

metía mucho el mensaje de: 'prepárense, salgan a luchar por sus derechos'. A mí me encantaba el perfil de esa lectora. Yo fui primero lectora y me dio la oportunidad la vida de trabajar ahí. Ahora que miro hacia atrás, yo empecé con estas ganas de motivar y de empoderar desde muy jovencita sin saberlo, porque era lo que Cristina nos inspiraba a hacer con la audiencia."

Luzma también trabajó en la revista TV y Novelas. Este otro formato era muy nuevo y era la parte "divertida" frente a la parte "seria" que era Cosmopolitan.

"Y ahí tú te encontrabas a Gloria Estefan, Emilio Estefan, a Julio Iglesias. Que tú ves la diferencia: hoy ningún artista llega a la redacción de una revista. Pero en esa época nos necesitaban. Yo me sentaba en una oficina con Luis Miguel y con Lucía Méndez, eran las estrellas del momento."

Para Luzma, conocer a estas grandes personalidades y entrevistarlas, eran momentos de valor entre la timidez que la caracterizaba.

"A mí me encanta conocer gente exitosa, porque una de las cosas que siempre me llamaba la atención desde chiquita era el éxito. Creo que también por eso estudié periodismo y me dediqué al entretenimiento, porque yo quería saber cómo eran esas personas que la gente veía como inalcanzables. Y ahí mismo yo veía una pequeña esperanza de poder lograrlo algún día, aunque para mí el éxito como parte de mi inseguridad era el privilegio de alguien más. Yo no veía el éxito como algo que yo podía tener. Es raro, ahora sí lo veo así, pero en mi juventud yo no lo veía así."

Tener el trabajo de sus sueños le trajo a Luzma muchas satisfacciones e inolvidables experiencias. De su admirada Cristina Saralegui aprendió gran parte de lo que sabe y aplica en su forma de trabajar.

"Ella fue mi mentora sin saberlo. Yo me enamoré de esta escritora, era muy natural para escribir. Cuando empiezo a trabajar con ella y me doy cuenta de que es exactamente igual a lo que yo leía, me enamoro más del personaje. Me acuerdo que hacíamos reuniones para hacer titulares de la revista (que eran uno de mis momentos favoritos en el mes) y te juro que no he vuelto a ver titulares tan bien hechos como los que ella hacía en esa revista. Porque ella nos hacía pensar y nos hacía darle vueltas al tema y utilizaba doble sentido, entonces era muy divertido hacer los titulares. A Cristina le aprendí muchas cosas, yo digo que ella fue mi mejor universidad, no fue la Universidad de Barry, sino la Universidad Saralegui. De ella aprendí que uno debe tener un plan, porque si no, no tienes planeado fallar. Aprendí, aunque no lo puse en práctica enseguida, que uno tiene que saber lo que uno vale y tiene que exigirlo. Sobre todo, a las mujeres nos da pena pedir aumento de sueldo.

"Yo durante mucho tiempo, por ejemplo, pensé que no podía pedir más dinero, porque tenía que estar agradecida porque tenía trabajo y eso no tiene absolutamente nada que ver una cosa con la otra. Una cosa es el agradecimiento, pero uno también trabaja y eso vale."

Luzma me contó que, cuando ambas trabajaban en la revista, Cristina decía que quería tener un programa de televisión y uno de radio. Era la década de los 80 y Luzma veía prácticamente imposible que una mujer como Saralegui, sin filtros para hablar, pudiera conducir un programa. Pero en 1989 ese proyecto se concretó con el estreno de El show de Cristina, un éxito televisivo que permaneció veintiún años al aire.

"Un día me dice: '¿tú conoces a Oprah Winfrey, esa señora que tiene las uñas largas? Bueno, yo voy a hacer lo mismo que ella.' Y ahí sí dije: la perdimos, se enloqueció. Y empezó y tuvo su gran contrato con SIN (Spanish International Network), que después fue Univision. Ella era talento pero era la productora ejecutiva también, le exigió a la cadena tener control creativo en su programa. Y armó un grupo maravilloso de productores jóvenes y se atrevió a tantas cosas... Eso es lo más importante que le aprendí, que uno tiene que atreverse. Ella nunca se puso techo y siempre todo lo vio posible... y lo logró."

Después de años de aprender de Cristina, a quien la revista Time nombró como uno de los 25 hispanos más influyentes en los Estados Unidos, Luzma tuvo un disgusto con ella en el año 2001, luego del ataque a las Torres Gemelas de Nueva York. Ese episodio la llevó a renunciar al trabajo que hacían juntas.

"Ahora lo pienso y creo que fui injusta y creo que tenía que haberle dado una oportunidad. Cuando las personas son buenas contigo, hay que hacerlo. Ella fue muy buena conmigo, pero me armé de valor y renuncié sin saber que venía la mejor etapa de mi vida, pues empecé a trabajar en televisión."

Dentro de su vertiginosa y ascendente carrera, Luzma cumplió uno de sus más grandes sueños: convertirse en madre. Dominique, su hija, llegó mucho tiempo después de lo que ella esperaba, y asegura que fue un milagro.

"Yo pensé que Dominique iba a llegar al día siguiente de que yo me casara, pensaba que embarazarse era lo más fácil del mundo. Yo me caso, me cuido un año y luego dejo de cuidarme y nada que yo quedaba embarazada. Fui tan miedosa que no quise ni siquiera ir al médico a ver qué pasaba, por miedo a que me dijera que yo no podía tener hijos. Dominique nace a los casi ocho años de que yo me casé. Fue como un milagro, mi abuelita se muere un 15 de julio. Y yo me acuerdo que esa noche, mirando a la Virgen de Guadalupe, le dije a mi esposo: voy a quedar embarazada. Y Dominique nace el 18 de mayo. Intenté otra vez, lo perdí (al bebé) por una negligencia médica y ya no quise tener más hijos."

El nacimiento de su hija llegó en uno de los momentos más brillantes de su carrera, aún trabajando al lado de Cristina Saralegui. Le causó conflicto no poder estar con ella todo el tiempo que hubiera querido, pero su madre fue el apoyo más grande para poder compaginar ambas cosas.

"Cuando Dominique nació, mi mamá se vino a vivir conmigo. Yo sabía

que la niña estaba muy bien cuidada porque la cuidaba su abuela, pero me entró mucha culpa porque yo era directora de la revista, y yo te conté la parte bonita de trabajar con Cristina, pero la parte difícil es que te podía hacer un cambio a las 10 de la noche y yo tenía que llevar la revista a la imprenta a la 1 de la mañana. O sea, era una vida complicada. En aquel momento yo pensaba que las mujeres teníamos que demostrar que, por el hecho de ser mamás, no podíamos abandonar el trabajo. Después me di cuenta de que los hijos sí van primero, tienen que ir primero. Yo vivía muy mortificada, porque estaba en la casa y me preocupaba por no estar en la oficina, y estaba en la oficina y me sentía mala mamá. Hoy he aprendido que hay que estar totalmente presente estés donde estés: ese es el balance.

"Lo que sí traté siempre de hacer, sobre todo cuando estaba ella en el colegio, era que Dominique no sintiera que su mamá no iba a las reuniones importantes, como los desayunos, los actos del colegio, y yo, aunque tuviera que decir mentiras, estaba ahí en primera fila. Y le hacía entender a ella que gracias al trabajo de su papá y su mamá teníamos vacaciones y teníamos juguetes, y que tanto su papá como yo trabajábamos porque amábamos lo que hacíamos y que ella cuando creciera iba también a amar su profesión."

Fue Ronald Day, hoy un alto ejecutivo en la empresa NBC Universal Telemundo, quien motivó a Luzma a renunciar para trabajar en un canal que en aquel entonces apenas comenzaba, llamado Telefutura.

"Ronald había trabajado con Cristina como su productor general. Éramos muy amigos. Y Ronald me dijo: 'si tú realmente vas a renunciar, yo te doy trabajo'. Se estaba abriendo Telefutura, que era la cadena hermana de Univision. Y yo le dije: 'sí, yo me voy a atrever, yo voy a renunciar'. En ese momento me dio un poquito de miedo, porque yo decía: me voy a meter en un mundo que no conozco. Yo he trabajado con Cristina en el programa de televisión, pero más en el lado de contenido que de ejecución. Y me acuerdo que Ronald me habló una noche y me dijo: 'Felicidades, eres la nueva productora ejecutiva de

Escándalo TV'. Y yo dije: '¡Ay, Dios mío! ¿Productora ejecutiva?' Y me dijo: 'sí, tú tienes cerebro para eso, yo te consigo una productora general que te enseñe el lenguaje de la televisión.' Y así fue, me consiguió una productora muy buena, Vera Castillo, a quien le agradezco muchísimo, y así empecé a trabajar en un programa, que además no tenía mucho presupuesto. Tenía a Charytín Goico de talento, lo hicimos from scratch, desde cero, eran tres horas en vivo. Fue una locura aquello."

El programa tuvo tanto éxito que Jennifer López accedió a darles una entrevista.

"Yo trabajé con Jennifer López cuando no era nadie, cuando estaba en la revista y la entrevisté. Ya cuando ella estaba casada con Marc Anthony, me llama su jefe de prensa y me dice: 'Luzma, Jennifer quiere que la entreviste alguien en español y quiere que sea Charytín.' Imagínate eso, ella pudo escoger a quien fuera, y me acuerdo que hicimos un especial, el único especial en español lo hicimos con ella. Yo me imagino que ella estudió a Charytín porque era cantante, artista, tenía un programa de chismes, pero era inofensiva y era muy buena, le gustaba motivar a la gente... y JLo, pues imagínate, su abuelita veía el programa y por eso dijo que quería que Charytín la entrevistara. Pasaron cosas muy bonitas en este programa."

En enero de 2012, Luzma estaba viviendo su éxito como productora ejecutiva, sin saber que la vida le tenía preparado un nuevo golpe de timón. Una noche recibió una llamada totalmente abrumadora de parte de Luis Fernández, quien era el presidente de entretenimiento de Univision, para decirle que a partir del día siguiente sería la productora ejecutiva de Despierta América, un programa matutino de noticias y espectáculos que comenzó a transmitirse en 1997, y por donde han pasado presentadores como Ana María Canseco, Neida Sandoval, Fernando Arau, Giselle Blondet, Alan Tacher y Karla Martínez, entre muchos otros.

"O sea, me dormí siendo productora de Escándalo TV y me desperté siendo la productora de Despierta América. Imagínate, un show que yo había visto desde que empezó y nunca había pensado que yo iba a trabajar ahí. Principalmente por el horario, porque no soy madrugadora para nada, y cuando me dieron la noticia me acordé que hacía sólo unos días yo le había dicho a mi mamá: 'pobrecita la gente que trabaja en Despierta América, porque no tiene vida. Para esta gente los domingos son más corticos porque tienen que madrugar los lunes. Los viernes deben tener sueño a las 3 de la tarde.' O sea, les deshice la vida sin saber que me iba a tocar ser yo la jefa."

Luzma aceptó el reto de estar al mando del programa matutino más visto de la televisión hispana en Estados Unidos, sin saber el camino de satisfacciones, pero también de esfuerzo, que le esperaba.

"Cuando llegué pasaron dos cosas muy bonitas, porque ellos necesitaban una líder y yo necesitaba un equipo como ese, y como que hicimos un clic inmediato. No me recibieron felices, porque estaban pasando un momento difícil como grupo. Yo me di cuenta de que no era momento de prometer nada; los ratings no estaban bien, la televisión estaba en una crisis para los programas de la mañana. Por primera vez en mi vida dejé el ego de lado para empezar un proyecto. Recuerdo que me quedaban tres meses de contrato y mi única meta era que yo tenía que subir los ratings de ese programa, y era muy raro, porque cuando empecé en Escándalo había más ilusiones, y aquí lo único que había en mi mente era: tengo que subir los ratings, no importa cómo. Así que me atreví a hacer unos cambios que funcionaron, gracias a Dios."

El estudio de Despierta América había sido rediseñado con un concepto muy moderno, en colores blancos, lejos de la atmósfera hogareña que siempre había caracterizado al programa. Ahí fue donde Luzma comenzó la transformación.

"Le decían 'el laboratorio'; a mí me gustaba, pero el público resintió el

cambio porque dejó de ser cálido. Así que lo primero que propuse fue traer otros muebles, convertirlo en una casa otra vez. Me lo aceptaron, y las dos veces que he cambiado el set lo he hecho como si estuviera remodelando mi propia casa, que tuviera cosas que te hagan sentir pertenencia. Además le metimos humor, el programa tenía humor al principio, luego se lo quitaron y el público también lo resintió. Se volvió mucho más light, porque yo decía: si vamos a hacer un programa en vivo, que la noticia te cuente que hay actualidad, no que sean cosas que no sepas si es miércoles o jueves, aquí tenemos que saber de verdad que estamos haciendo un programa en vivo. Y funcionó."

Luzma siguió sumando aciertos con cada decisión que tomaba como productora ejecutiva de Despierta América, el programa en el que nunca se imaginó estar, pero que con el tiempo se ha convertido en su máxima motivación profesional.

"Es como cuando tú dices: es que a mí no me gusta el cheesecake, y luego lo pruebas y se vuelve tu postre favorito. Eso me pasó con Despierta América, es el lugar en el que más feliz he sido profesionalmente, donde me gané dos Emmy, donde más he aprendido y donde más he tenido oportunidad de servir, que es mi misión. Los últimos ocho años de mi carrera profesional han sido los mejores, y digo los mejores porque ya soy más segura, ya no tengo miedos, ya soy más valiente. Empecé mi carrera con la misma pasión que tengo ahora, pero con más dudas. Ahora soy más segura, más atrevida, más rápida; lo he disfrutado más, por eso he sido más feliz."

Desde que comenzó a trabajar en el matutino de Univision, Luzma ha trabajado con distintos presentadores y equipos de producción, y sabe que el éxito del programa depende mucho del gran equipo con el que labora.

"Yo le llamo el equipo campeón y es algo que yo al principio se lo atribuía a los madrugones, porque yo decía: esta gente que madruga tiene el alma diferente. Efectivamente, me enseñaron muchísimo y

cambió mi vida desde todos los puntos de vista. Hasta el físico cambió, porque en Escándalo tú me veías elegantísima y ahora tú me ves de tenis, sin maquillaje, bueno a esa hora a nadie le dan ganas de maquillarse, más que a los talentos. Sin embargo, es mucho más fácil, hago 20 horas de televisión en vivo a la semana y cambio muchas cosas y pasan muchas cosas, pero eso hace que la vida sea mucho más divertida, no hay dos días iguales.

"Yo estoy muy involucrada, escribo, produzco, entonces me emociona mucho trabajar en Despierta América y me emociona más comprobar, por ejemplo, cuando vamos a Los Ángeles, con la diferencia de hora, que hay gente que llega a acompañarnos a las 2 de la mañana, de verdad que hay una fidelidad absoluta por este programa que ha visto crecer ya a dos generaciones."

A pesar de la enorme presión que Luzma maneja cada mañana para mantener la producción bajo control, quienes trabajan con ella aseguran que son muy pocas las veces que se le ve estresada.

"Si me ves en el control room, a lo mejor voy a meter tres o cuatro gritos. Pero hay algo que tengo en mi vida hoy, que tengo mucha paz y sé qué batallas debo pelear y cuáles no, eso lo tengo clarísimo. Sé que, como líder, no puedo perder el control y tengo que mandar un mensaje a la gente que trabaja conmigo. Si yo me enloquezco, ¿qué voy a hacer? Voy a enloquecer al resto. Soy como el piloto de avión, y por tanto no puedo perder tiempo y tengo que actuar. Una cosa es que yo tenga la adrenalina para tomar una decisión y otra que ese mismo estrés me convierta en una persona loca, que pierda la calma, pero no para obtener un resultado, sino para otras cosas."

El liderazgo de Luzma se refleja en la armonía de su equipo y en el cariño que le tienen. Uno de los momentos más emocionantes que ha vivido como productora, según me dijo, fue cuando entre todos confabularon para darle una sorpresa muy especial. Tras una larga planeación, una mañana la sorprendieron con un mensaje grabado de uno de sus más grandes ídolos, la presentadora norteamericana Oprah Winfrey, diciendo a cámara:

"Luz María, esto es para ti. Todos los que hablan de ti, especialmente quienes han trabajado para ti, se expresan con mucha calidez y amabilidad y dicen que tú eres una de las jefas más afables, dadivosas y amorosas que jamás hayan tenido. Yo sé lo que es ser una mánager y una jefa amorosa al mismo tiempo. Así que quiero desearte que ese mismo amor, esa gracia y esa amabilidad que tú le dedicas a tus empleados y tus compañeros, se te multiplique por cien. Que Dios te bendiga."

La reacción de Luzma fue transmitida en vivo, y así contó lo que sintió en ese momento:

"Cuando yo veo y escucho a Oprah diciendo 'Luz María', se me borró todo. No entendía nada, yo me puse a llorar y me acuerdo que cuando se acabó todo tuve que volver a ver el video porque en el tiempo real me perdieron. Después, le pregunté a Birmania Ríos, la reportera que grabó el mensaje, cómo lo había logrado. Y ella me contó que Oprah le dijo: 'no me digas lo que tú quieres que yo le diga a tu jefa, cuéntame cómo es tu jefa'. Y Birmania le contó la percepción que ella tenía de mí, que le agradezco que haya sido tan bonita, porque gracias a eso, Oprah me habló tan bonito. Justo en ese tiempo yo estaba leyendo un libro de Oprah donde ella cuenta que, si no está convencida de algo, no lo hace, ni lo dice.

"Entonces Birmania la tuvo que convencer muy bien de lo que yo representaba para mi equipo. Ese día entendí que todo es posible. Mira que yo acostumbrada a decir que a mí no me gustan las sorpresas, porque yo necesito saber siempre todo. Y mi equipo me dio una sorpresa y yo ni enterada estaba."

En el camino de ser productora del programa matutino más visto de la televisión hispana en Estados Unidos, Luzma se dio el tiempo de escribir dos libros. El primero, publicado en 2016, lleva por título La mujer de mis sueños. El segundo, publicado en 2018, es Tu momento estelar, el que tuve el privilegio de presentar en Los Ángeles. Ambos hablan sobre la historia personal de Luzma, la manera en que logró vencer sus miedos y alcanzar el éxito. Así recordó qué la motivó a convertirse en escritora.

"Cuando llego a los 50, que es una edad en que vi tan cerquita los 60, empecé a hacer análisis. Dije, me quedarán diez o doce años muy activos y es más lo que queda atrás. Va a ser más importante lo que falta, pero aplicando todo lo que has aprendido, porque me convertí en la mujer de mis sueños: yo quería tener la vida que yo tengo ahora. Y dije, voy a escribir un libro donde yo les ayude a más personas a que puedan lograr lo que tanto soñaban, y tal vez lo puedan lograr antes de llegar a los 50. O sea que esas muchachitas de Cartagena de 13, 14 años que piensan que no se merecen el éxito, puedan a los 20 decir '¿saben qué? Sí me lo merezco y voy a brillar'."

Al terminar de escribir su primer libro, Luzma se enfrentó con un nuevo mundo que desconocía por completo: el editorial. No sabía que se encontraría con grandes obstáculos, pues al principio las editoriales no creían en su proyecto. Pero gracias a distintos contactos conoció a las personas indicadas para que el manuscrito llegara a las manos correctas. Así se encontró con Silvia Matute, la presidenta de Penguin Random House en español, quien le preguntó por qué quería escribir ese tipo de libro.

"Le dije que yo no había encontrado un libro en español en el que una ejecutiva hispana se sentara y contara cómo es la radiografía del éxito y lo que ha aprendido de estrellas como Sofía Vergara, como la misma Cristina. Yo creo que va a ser muy valioso para los hispanos y para personas que estén en Argentina, en Colombia en Puerto Rico, en cualquier parte del mundo que quieran triunfar. Me pidió que le mandara una sinopsis del libro, y cuando se la mandé, a la semana ya tenía contrato. Empecé a trabajar bajo un deadline. Me acuerdo que me

fui de vacaciones a un crucero y ahí lo terminé de escribir. Lo entregué y sentí tristeza, porque en el proceso de escribirlo me divertí mucho, era como si tuviera una cita todos los días con mi propia vida. Y recordaba muchas cosas y me emocionaba. Fue perfecto que me sucediera a los 50, porque me ayudó a entender muchas cosas de mi vida, que, si yo no las hubiera escrito, tal vez nunca hubiera entendido."

Luzma consiguió para su libro entrevistas con personalidades como la actriz colombiana Sofía Vergara o el presentador cubano Ismael Cala. Para su sorpresa, el periodista de Univision Jorge Ramos se ofreció a escribir el blurb o recomendación de La mujer de mis sueños. Después de lanzar con gran éxito su primer libro, Luzma comenzó a ver los efectos positivos en sus lectores y lectoras.

"Yo ni me creía lo que me pasaba, porque empezaba la gente a subir a Instagram fotos con el libro, contando cómo les había cambiado la vida. Empecé a recibir historias, ya mi historia no era la importante, sino la historia de los lectores con el libro y lo que había permitido que sucediera en sus vidas. Dos historias se quedaron selladas en mi corazón. Una fue la de una mamá que había perdido un hijo y me escribió y me dijo que gracias a La mujer de mis sueños se había levantado de la cama y había puesto un negocio y se había recuperado. Y otra que me escribió y me dijo que había dejado la prostitución, que aunque sabía que ganaba mucho dinero, se había dado cuenta de que eso no valía nada y que quería recuperar su valor como mujer. En mi vida me pasó por la mente que alguien iba a hacer algo así."

El texto de Luzma ha llegado a lectores en Latinoamérica, Estados Unidos y países como Irlanda, Italia y Estonia. Ella asegura que se siente inmensamente agradecida por todas las historias inspiradoras que ha conocido gracias al libro, lo cual también conlleva una responsabilidad.

Una parte muy importante de La mujer de mis sueños es la historia con su padre, quien le enseñó grandes lecciones y que al final de su vida, le provocó un capítulo muy doloroso.

"Mi papá fue el tipo más saludable que yo he conocido. Cuando cumple 64 años, lo empezamos a notar raro. Y cuando digo raro es que ya no era tan parrandero, porque mi papá era una persona muy alegre, pero lo veíamos tristón. Yo asumí erróneamente que ya se estaba poniendo viejo. Dije, bueno ya tiene 64, será por eso. Él vivía en Colombia y venía a visitarme. Y en esa oportunidad en donde lo vimos muy triste y decaído, él se estaba yendo de regreso a Colombia y yo como buena productora empecé a preguntarle: 'Papi, ¿ya llevas el pasaporte?' Mi papá se volteó y me dijo: '¿qué es un pasaporte?' y yo me quedé fría, pensé que estaba bromeando. A mí se me juntó el cielo con la tierra, porque yo que siempre estoy informada de todo, lo primero que pensé fue: Alzheimer. Y empecé a atar cabos, la tristeza, el aislamiento, y yo le dije: 'papi, ¿cómo no vas a saber qué es un pasaporte? Es la libretita verde que te identifica como colombiano.' Y mi papá se volteó y preguntó: '¿y con eso puedo viajar?'"

Con gran preocupación, Luzma se despidió de su papá y regresó a investigar todo sobre la enfermedad de Alzheimer. Llamó a la pareja de su padre y le pidió que lo llevara al día siguiente al médico. Dos semanas después, don Jairo Doria recibió el diagnóstico de la enfermedad.

"Y ahí empieza un calvario, yo no tenía familia en Cartagena, él vivía con una novia. Yo empecé a viajar cada tres meses a Colombia para verlo y así duró tres años, porque enfermó de cáncer.

"Todo fue como una pesadilla que pasó muy rápido, yo llegué a Cartagena cuando él se puso muy mal, directo al hospital y a la semana se murió estando yo allá. Siempre digo que cuando yo nací yo le cambié la vida a él, yo fui su única hija y cuando él murió, el me cambió la vida a mí, porque me llevé de Colombia todos sus libros y a partir de

ese momento yo decidí que iba a ser mejor persona, que iba a vivir más plenamente, porque vi muy de cerca la muerte."

Desde entonces, Luzma sentiría más fuerte que nunca la presencia de su padre como una especie de ángel que la guía y la cuida desde un lugar mejor, y la impulsa todos los días a seguir brillando y a seguir luchando contra sus propios demonios, que son su peor enemigo.

Conocer la historia de Luzma me ha dejado profundas enseñanzas e inspiración. Me identifico mucho con su historia, con esa eterna pasión por comunicar, con esa curiosidad por los pequeños detalles de la vida y la pasión por contar historias de gente exitosa.

A veces pienso que Luzma vino de otro planeta a enseñarnos que todo se puede en la vida si lo sabes acomodar. Que madrugar todos los días y ser una de las productoras más poderosas de la televisión hispana en Estados Unidos no es impedimento para ser siempre amable y atenta, ni tampoco para escribir libros, hacer entrevistas a través de Instagram con grandes estrellas del espectáculo, disfrutar de la vida en familia, tomar cursos, dar conferencias y seguir viéndole el lado positivo a la vida, aprendiendo de todo alrededor.

Luzma siempre habla del miedo. Pero desde afuera, lo que yo aprecio es una valentía envidiable y admirable. Sin ese arrojo tan único, Luzma no hubiera logrado ser la mujer de sus sueños, ni hacer posible los sueños de miles de personas todos los días, a través de su trabajo, su dedicación y sus acciones.

CAPITULO XIV - LUZ MARÍA DORIA

CRÉDITOS

Diseño editorial: Juan G. González @dgiestudio

Coordinación de producción: Aleira Thomas

Corrección de estilo: Emilio Rivaud

Diseño de portada: Juan González @dgiestudio

Fotografía de portada: Johnatan Tabares

Maquillaje y peinado para foto de portada: Nadia Vázquez

Made in the USA
Coppell, TX
06 March 2026

73063497R00115